Axel Buchinger

Workflow- und Prozeß-Management auf der Basis d

I0018566

Axel Buchinger

Workflow- und Prozeß-Management auf der Basis des Intranet

Diplom.de

Bibliografische Information der Deutschen Nationalbibliothek:

Bibliografische Information der Deutschen Nationalbibliothek: Die Deutsche Bibliothek verzeichnet diese Publikation in der Deutschen Nationalbibliografie; detaillierte bibliografische Daten sind im Internet über http://dnb.d-nb.de/ abrufbar.

Copyright © 1998 Diplomica Verlag GmbH
Druck und Bindung: Books on Demand GmbH, Norderstedt Germany
ISBN: 978-3-8386-1193-8

http://www.diplom.de/e-book/217113/workflow-und-prozess-management-auf-der-basis-des-intranet

Axel Buchinger

Workflow- und Prozeß- Management auf der Basis des Intranet

Diplomarbeit
an der Universität Stuttgart
Juni 1998 Abgabe

***Diplomarbeiten* Agentur**
Dipl. Kfm. Dipl. Hdl. Björn Bedey
Dipl. Wi.-Ing. Martin Haschke
und Guido Meyer GbR

Hermannstal 119 k
22119 Hamburg

agentur@diplom.de
www.diplom.de

ID 1193
Buchinger, Axel: Workflow- und Prozeß-Management auf der Basis des Intranet /
Axel Buchinger - Hamburg: Diplomarbeiten Agentur, 1998
Zugl.: Stuttgart, Universität, Diplom, 1998

Dipl. Kfm. Dipl. Hdl. Björn Bedey, Dipl. Wi.-Ing. Martin Haschke & Guido Meyer GbR
Diplomarbeiten Agentur, http://www.diplom.de, Hamburg
Printed in Germany

Diplomarbeiten Agentur

Wissensquellen gewinnbringend nutzen

Qualität, Praxisrelevanz und Aktualität zeichnen unsere Studien aus. Wir bieten Ihnen im Auftrag unserer Autorinnen und Autoren Wirtschafts-studien und wissenschaftliche Abschlussarbeiten – Dissertationen, Diplomarbeiten, Magisterarbeiten, Staatsexamensarbeiten und Studien-arbeiten zum Kauf. Sie wurden an deutschen Universitäten, Fachhoch-schulen, Akademien oder vergleichbaren Institutionen der Europäischen Union geschrieben. Der Notendurchschnitt liegt bei 1,5.

Wettbewerbsvorteile verschaffen – Vergleichen Sie den Preis unserer Studien mit den Honoraren externer Berater. Um dieses Wissen selbst zusammenzutragen, müssten Sie viel Zeit und Geld aufbringen.

http://www.diplom.de bietet Ihnen unser vollständiges Lieferprogramm mit mehreren tausend Studien im Internet. Neben dem Online-Katalog und der Online-Suchmaschine für Ihre Recherche steht Ihnen auch eine Online-Bestellfunktion zur Verfügung. Inhaltliche Zusammenfassungen und Inhaltsverzeichnisse zu jeder Studie sind im Internet einsehbar.

Individueller Service – Gerne senden wir Ihnen auch unseren Papier-katalog zu. Bitte fordern Sie Ihr individuelles Exemplar bei uns an. Für Fragen, Anregungen und individuelle Anfragen stehen wir Ihnen gerne zur Verfügung. Wir freuen uns auf eine gute Zusammenarbeit

Ihr Team der *Diplomarbeiten* Agentur

Dipl. Kfm. Dipl. Hdl. Björn Bedey –
Dipl. Wi.-Ing. Martin Haschke –––
und Guido Meyer GbR ––––––

Hermannstal 119 k ––––––––
22119 Hamburg ––––––––

Fon: 040 / 655 99 20 ––––––
Fax: 040 / 655 99 222 ––––––

agentur@diplom.de ––––––––
www.diplom.de ––––––

Inhaltsverzeichnis

Abkürzungsverzeichnis

ABWL	Allgemeine Betriebswirtschaftslehre
API	Application Program Interface
BAPI	Business Application Programming Interface
BPA	Business Process Analyst
BPR	Business Process Reengineering
CGI	Common Gateway Interface
CUA	Common User Access
CORBA	Common Object Recquest Broker Architecture
DBMS	Datenbank-Management-System
DNS	Domain Name Service
EDI	Electronic Data Interchange
FAQ	Frequently Asked Questions
FTP	File Transfer Protocol
GUI	Graphical User Interface
HMD	Handbuch der modernen Datenverarbeitung – Theorie und Praxis der Wirtschaftsinformatik
HTML	Hypertext Markup Language
HTTP	Hypertext Transport Protocol
IIOP	Internet Inter-ORB-Protocol
IP	Internet Protocol
ISO	International Standards Organization
IT	Informationstechnik
IV	Informationsverarbeitung
JDBC	Java Database Connectivity
LAN	Local Area Network
lmi	leistungsmengeninduziert
lmn	leistungsmengenneutral
NNTP	Network News Transport Protocol
nws	nicht-wertschöpfend
ODBC	Open Database Connectivity
OLAP	Online Analytical Processing
OMA	Object Management Architecture
OMG	Object Management Group
ORB	Object Request Broker
OSI	Open Systems Interconnection
PBC	Process Based Costing
PC	Personal Computer
SAA	System Application Architecture
SMTP	Simple Mail Transfer Protocol

SNMP   Simple Network Management Protocol

TCP   Transmission Control Protocol

WAN   Wide Area Network

WfMC   Workflow Management Coalition

WFMS   Workflow-Management-System

WPDL   Workflow Process Definition Language

ws   wertschöpfend

Symbolverzeichnis

$C_{act}(n)$	Gesamtkosten der Aktivität n
$C^{lmi}_{act}(n)$	lmi Kosten der Aktivität n
$C^{lmi}_{role}(n)$	lmi Kosten der Rolle, die Aktivität n ausführt
$C^{lmn}_{act}(n)$	lmn Kosten der Aktivität n
$C^{lmn}_{role}(n)$	lmn Kosten der Rolle, die Aktivität n ausführt
C_{proc}	Gesamtkosten eines Prozesses
$C_{proc}(k)$	Kosten eines Pfades k
$K_{role}(k)$	Kapazität der Rolle k
N_{inst}	Anzahl der in einem Monat bearbeiteten Prozeßexemplare
$O_{role}(k)$	Auslastungsgrad einer Rolle k
$P_{act}(n)$	Wahrscheinlichkeit einer Aktivität n
$P^{k}_{act}(n)$	Wahrscheinlichkeit einer Aktivität n auf dem Pfad k
P_{mn}	Verbinder-Wahrscheinlichkeit zwischen den Aktivitäten m und n
$P_{path}(k)$	Wahrscheinlichkeit eines Pfades k
$T_{act}(n)$	Dauer der Aktivität n
T_{proc}	Gesamtdauer eines Prozesses
$T_{proc}(k)$	Gesamtdauer eines Pfades k innerhalb eines Prozesses
$T_{role}(k)$	zeitliche Beanspruchung einer Rolle k

Abbildungsverzeichnis

1. Einführung

1.1 Problemstellung und Zielsetzung

Das ökonomische Umfeld von Unternehmen ist in den letzten Jahren einer starken Veränderung unterworfen: Der Wettbewerb verschärft sich aufgrund der Sättigung von Märkten, der Globalisierung von Geschäftstätigkeiten und der neuen Marktsituation angesichts immer weiter reichender Kooperationen und Zusammenschlüsse von Unternehmen. Um in diesem veränderten Umfeld bestehen zu können, erfordert der Wandel von vielen Unternehmen ein oft radikales Hinterfragen des eigenen Geschäftsverständnisses. Im Mittelpunkt dieses Umdenkens steht eine stärkere Orientierung an den Kunden und ihren Erwartungen, deren Erfüllung hinsichtlich Qualität, Zeit und Kosten letztlich den Unternehmenserfolg ausmachen.

Die Gestaltung der eigenen Geschäftsprozesse, die eine optimale Ausrichtung auf die Kundenwünsche gewährleisten soll, steht im Zentrum vieler vorgeschlagener Managementkonzepte. Unter dem Oberbegriff des „Prozeßmanagements" sollen sie zu einer konsequenten Prozeßorientierung des Unternehmens führen.

Bereits seit längerer Zeit wird Informationssystemen eine Schlüsselrolle zur erfolgreichen Unternehmensorganisation zugesprochen. Die Erkenntnis, daß es sich bei Information selbst um einen zunehmend erfolgskritischen Produktionsfaktor handelt, führt zu einer wachsenden Bedeutung der Informationstechnologie in Unternehmen. Ihre Potentiale umzusetzen ist die Kernaufgabe des Informationsmanagements. Dieses hat die Informationstechnologie nicht nur als technische Infrastruktur für die effektive und effiziente Deckung der Informationsbedarfe zu sehen, sondern auch in ihrer Rolle als „Enabler", in der sie neue Gestaltungsansätze für Geschäftstätigkeiten (z.B. Electronic Commerce) überhaupt erst eröffnet[1]. Die Umsetzung der enormen Entwicklungsdynamik der Informationstechnik in Unternehmenserfolg trägt somit nicht unerheblich zum eingangs beschriebenen Anpassungsdruck auf andere Unternehmen bei.

Die Unterstützung des Prozeßmanagements durch Informationstechnik wurde in der Vergangenheit häufig unter dem Gesichtspunkt des Einsatzes von Systemen gesehen, die den Ablauf von Geschäftsprozessen steuern (Workflow-Management-Systeme). Die vorherrschende Skepsis gegenüber diesen Systemen deutet allerdings darauf hin, daß ihr Einsatz den hohen Erwartungen nicht immer gerecht wird. Die Gründe hierfür werden sowohl in technischen als auch in organisatorischen Problemen gesehen[2].

Auf der anderen Seite hat in den letzten Jahren kaum ein IV-Thema so viel Aufmerksamkeit auf sich gezogen wie die Technik des Internet. In ihrer betrieblichen Anwendung als Intranet wird oft eine „Revolution der Unternehmensnetzwerke"[3] gesehen. Es liegt daher

---

1 vgl. Österle (1995), S. 9
2 vgl. Kapitel 2.4.6
3 vgl. Kyas (1997), S.37

nahe, die Einsatzmöglichkeiten von Intranets im Rahmen des Prozeßmanagements näher zu untersuchen. Besonders interessant erscheinen dabei die Eigenschaften des Intranets, die die bestehenden Schwächen von Workflow-Management-Systemen überwinden und so der technischen Unterstützung des Gedankens der Prozeßorientierung zum Durchbruch verhelfen können. In dieser Arbeit werden die Möglichkeiten aufgezeigt, die die Intranet-Technologie für die Unterstützung des Prozeßmanagements bietet.

Die Analyse von Geschäftsprozessen ist eine Schlüsselaufgabe für die erfolgreiche Prozeßimplementierung. Auch sie ist in das Prozeßmanagement einzubeziehen und IV-technisch zu unterstützen. Im weiteren Verlauf der Arbeit werden daher Konzepte der Prozeßanalyse vertieft und die Implementierung eines auf Intranet-Technik basierenden Analysewerkzeugs für Geschäftsprozesse beschrieben.

1.2 Aufbau der Arbeit

Nach der allgemeinen Einführung in Kapitel 1 wird im zweiten Kapitel das Konzept des Workflow- und Prozeßmanagements dargestellt. Einen Schwerpunkt bildet dabei die Untersuchung von Workflow-Management-Systemen, deren Einsatzpotential, IV-technische Gestaltung und Rolle in der Praxis näher beleuchtet werden. Die Probleme dieser Systeme werden genauer untersucht.

Kapitel 3 stellt das Intranet als Plattform für die IV in Unternehmen vor. Ausgehend von den Anwendungsfeldern des Intranet wird das Nutzenpotential dieser Technologie aufgezeigt.

Im vierten Kapitel werden die Chancen der Intranet-Technologie für das Workflow-Management dargestellt. Insbesondere die Integrationspotentiale dieser Plattform werden herausgegriffen, bevor die Architektur von Intranet-basierten Workflow-Management-Systemen auch anhand kommerzieller Systeme beleuchtet wird.

Die Bedeutung der rechnerunterstützten Analyse von Unternehmensdaten, die zugrunde liegenden Managementkonzepte und die mögliche IV-technische Realisierung werden im fünften Kapitel untersucht. Daraus werden die Anforderungen an ein Werkzeug zur Prozeßanalyse abgeleitet. Diese werden in Kapitel 6 aufgegriffen, in dem das Intranet-basierte Analysewerkzeug „Business Process Analyst" spezifiziert wird. Die prototypische Realisierung des Werkzeugs wird im siebten Kapitel vorgestellt.

Kapitel 8 faßt die wichtigsten Ergebnisse dieser Untersuchung zusammen und bietet einen Ausblick auf die weitere Entwicklung des Themenkomplexes.

2. Workflow- und Prozeßmanagement

2.1 Prozeßorientierung

Für den Fortbestand und die Entwicklung eines Unternehmens ist die optimale Gestaltung der Geschäftsprozesse ein zentraler Faktor[4]. Dabei rückt – in Abkehr von der klassischen Denkweise in Funktionsbereichen – die ganzheitliche Betrachtung von Tätigkeiten entlang der Wertschöpfungsketten in den Vordergrund[5], die eine bessere Ausrichtung auf die Kunden[6] ermöglichen soll.

Sichtbaren Ausdruck erhält die Prozeßorientierung in einer Reihe von Managementkonzepten, die die Umsetzung des Prozeßgedankens auf Unternehmensebene unterstützen sollen. Große Aufmerksamkeit erzielten in diesem Zusammenhang die Arbeiten von Hammer[7], der eindringlich auf die Notwendigkeit eines *Business Process Reengineering (BPR)* aufmerksam machte. Er wies darauf hin, daß für die Prozesse als eigentlichen Dreh- und Angelpunkt der Wertschöpfung oft niemand im Unternehmen zuständig ist – in der Folge zeigen sich Prozesse über viele organisatorische Einheiten fragmentiert und im Grunde unkontrollierbar[8]. Nach Hammer kann die Prozeßorietierung nur in einem radikalen Redesign – quasi dem „Neu-Erfinden einer Firma"[9] – hergestellt werden.

Ein anderer Ansatz für die Prozeßorientierung setzt weniger auf Revolution als auf Evolution. Im Sinne eines Prozesses der „kontinuierlichen Verbesserung" wird die Leistungserstellung permanent analysiert, in kleinen Schritten verbessert und somit optimiert. Dieses inkrementelle, zyklische Vorgehen ermöglicht dabei eine flexible Reaktion auf Veränderungen im Prozeßumfeld[10].

Mittlerweile wird in der Verbindung dieser auf den ersten Blick unvereinbar scheinenden Konzepte ein großer Schritt in Richtung einer durchgängigen Prozeßorientierung gesehen[11]: Auf revolutionär-innovative Phasen folgen solche, in denen im Rahmen einer aktiven Prozeßführung Abweichungen von Zielparametern zu abgestuften Anpassungsmaßnahmen führen.

Die Ausrichtung auf die Geschäftsprozesse verändert weiterhin das Verhältnis der betrieblichen Ablauf- und Aufbauorganisation: Hatte letztere im Zeichen einer funktional-hierarchischen Festlegung von Kompetenz und Verantwortung lange Zeit ein Primat gegenüber der Ablauforganisation inne, so ist sie ihr bei konsequenter Prozeßorientierung nachgeordnet (im Sinne eines „Structure follows Process")[12]. In diesem auf Gaitanides zurückge-

---

4 In dieser Arbeit werden die Konzepte des Prozeßmanagements vor allem im Umfeld von Unternehmen dargestellt. Es sei darauf hingewiesen, daß auch andere Institutionen wie z.B. die öffentliche Verwaltung von einer prozeßorientierten Sichtweise und ihrer IV-technischen Unterstützung profitieren können.
5 vgl. Deiters (1995), S. 460 und Derszeler (1996), S. 591
6 Die Prozeßorientierung fördert hierbei auch die Sicht auf Partner innerhalb des Unternehmens als „interne Kunden".
7 vgl. Hammer/Champy (1994)
8 vgl. Hammer/Stanton (1995), S. 20
9 vgl. Schneider (1995), S. 108
10 vgl. Deiters (1995), S. 459
11 vgl. Fries/Seghezzi (1994), S. 338 und Österle (1995), S. 22
12 vgl. Derszteler (1996), S. 591

henden Ansatz der prozeßorientierten Organisationsgestaltung erfolgt die Bildung von Organisationseinheiten erst nach und auf der Grundlage der Formulierung der Prozesse[13].

Die Unterstützung der Prozeßorientierung durch IV-technische Systeme scheint lange vernachlässigt worden zu sein und hat sich erst im Zuge der Entwicklung von Workflow-Management-Systemen etabliert[14]. Wenngleich allein schon der Einsatz solcher Systeme für die Steuerung von Prozessen die Leistungserstellung effizienter machen kann, so wird nachdrücklich davon abgeraten, dem operativen Einsatz eines solchen Systems keine Überprüfung der Prozesse vorausgehen zu lassen[15]. Das Resultat kann nur die „Elektrifizierung" einer bestehenden, ineffizienten Vorgehensweise sein[16].

Zur Klärung des Beitrags von IV-Systemen zur Prozeßorientierung sollen die folgenden Abschnitte beitragen. Ausgehend von der Einführung der wichtigsten Begriffe des Workflow- und Prozeßmanagements werden die Möglichkeiten und die Anforderungen an solche Systeme verdeutlicht. Eine kritische Betrachtung des aktuellen Einsatzes von Workflow-Management-Systemen schließt sich an.

2.2 Geschäftsprozesse und Workflows

Ein *Geschäftsprozeß* ist ein Vorgang in einem Unternehmen, der – von auslösenden Ereignissen angestoßen – nach dem Erreichen eines definierten Endes für den Kunden des Unternehmens ein Ergebnis von Wert erzeugt[17]. Er ist somit auf das Erreichen der Unternehmensziele ausgerichtet. Abstrahiert man von der Ausführung eines einzelnen, das heißt in seiner Ausführung einmaligen, *Prozeßexemplars*, gelangt man zu einer Klasse gleichartiger Prozesse, die sich in einem *Prozeßtypen* abbilden lassen. Diese Abbildung wird durch ein *Prozeßmodell* beschrieben.

Ein Prozeß kann in eine Menge von Prozeßelementen (Vorgangsschritten) untergliedert werden. Bei diesen kann es sich – im Sinne einer Hierarchiebildung – wieder um *(Teil-) Prozesse* oder um einzelne *Aktivitäten* handeln. Eine Aktivität ist ein in sich abgeschlossenes Prozeßelement, das logisch und fachlich zusammengehörende Arbeitsschritte in einem sinnvollen Arbeitspaket zusammenfaßt. Im Gegensatz zu dieser *vertikalen Prozeßstruktur*[18] beschreibt die *horizontale Prozeßstruktur* den logischen und zeitlichen Ablauf des Prozesses. Prozeßelemente können nacheinander (Sequenz), nebenläufig (Parallelität) oder alternativ (Verzweigung) ausgeführt werden.

Aktivitäten werden von *Akteuren* mit Hilfe von *Ressourcen* ausgeführt. Jedes Element der Aufbauorganisation kann Akteur eines Vorgangsschrittes sein; die Zuweisung erfolgt meist über eine *Rolle*, in der die möglichen Akteure für eine Aktivität und die für die Aus-

---

13 vgl. Gaitanides (1983), S. 62 und Hammer/Stanton (1995), S. 27
14 vgl. Jablonski u.a. (1997), S. 429
15 vgl. Hammer/Stanton (1995), S. 26 und Österle (1995), S. 9
16 vgl. Schneider (1995), S. 106
17 vgl. Hammer/Champy (1994), S. 52
18 vgl. Scholz/Vrohlings (1994), S. 40

führung benötigten Ressourcen (Sachmittel, Daten, Räume) festgelegt werden. Im Falle eines automatisierten Vorgangsschrittes ist der Akteur ein technisches System.

Vom Begriff des (Geschäfts-)Prozesses muß der des *Workflows* abgegrenzt werden. „Ein Workflow ist die vollständige oder teilweise Automatisierung eines Geschäftsprozesses, während dessen Dokumente, Informationen und Aufgaben zur Bearbeitung von einem Teilnehmer zum nächsten weitergeleitet werden. Die Weiterleitung erfolgt entsprechend einer Menge von Ablaufregeln."[19]

Die Beschäftigung mit Geschäftsprozessen hat die effektive und effiziente Gestaltung der Leistungserstellung zum Ziel. Sie beinhaltet daher die ganzheitliche Erfassung, Bewertung und Optimierung von Abläufen in Unternehmen. Im Gegensatz dazu steht bei Workflows die (teil-) automatisierte Umsetzung eines Vorgangs in einem technischen System im Mittelpunkt, wodurch Implementierungsaspekte wie Software-Ergonomie[20] und Integration technischer Ressourcen (Daten, Applikationen) hinzutreten.

2.3 Workflow-Management

Die Auseinandersetzung mit Geschäftsprozessen und Workflows geschieht im Rahmen des Geschäftsprozeß- bzw. Workflow-Managements. Eine Ursache für die in Praxis und wissenschaftlicher Literatur nicht immer konsistente Verwendung dieser Termini kann sicher in der nicht immer vollzogenen Unterscheidung von Workflow und Geschäftsprozeß gesehen werden.

Eine sehr restriktive Definition sieht in *Workflow-Management* nicht viel mehr als die konkrete Umsetzung eines Workflows durch ein IV-technisches System im Sinne eines Einsatzkonzepts für Computer Supported Cooperative Work (CSCW)[21].

Aufgrund dieser, sehr auf die Implementierung fixierten, Sicht ist der Begriff des Workflow-Managements – durchaus zurecht – in Mißkredit geraten: Wenn nämlich lediglich versucht wird, bestehende Prozesse technisch auf Workflows abzubilden, bleiben wesentliche Aspekte der Unternehmensgestaltung und Organisationsentwicklung unberücksichtigt[22].

Eine erweiterte Sichtweise auf Workflow-Management beinhaltet daher einerseits Aspekte der Modellierung, Analyse und Optimierung, andererseits Aufgaben der Steuerung, Protokollierung und des Controlling von Vorgängen. Da sich diese Aufgaben auf strategischer (Management der Geschäftsprozesse im Zuge der Prozeßorientierung), taktischer (zielgerichtete Neuorganisation von Prozessen) und operativer (Einsatz eines IV-technischen Systems zur Steuerung von Workflows) Ebene stellen, kann der Begriff des Workflow-

---

20 vgl. Herczeg (1994), S. 3
21 vgl. Hasenkamp/Syring (1994), S.15 und Stahlknecht/Hasenkamp (1997), S. 452
22 vgl. Kapitel 2.1 und 5.1

Management synonym zu *Prozeßmanagement* gesehen werden, das die Planung, Überwachung und Steuerung von Geschäftsprozessen zur Aufgabe hat[23].

Häufig[24] erfolgt die Beschreibung der Tätigkeiten im Rahmen des Workflow-Managements
in Anlehnung an das traditionelle Wasserfall-Modell der Software-Entwicklung. Das Potential eines kontinuierlichen Verbesserungsprozesses[25] wird in diesem Ansatz kaum berücksichtigt. Es bietet sich daher eine stark rückgekoppelte Vorstellung von Workflow-Management an, die in einem Workflow-Management-Zyklus ausgedrückt werden kann[26]

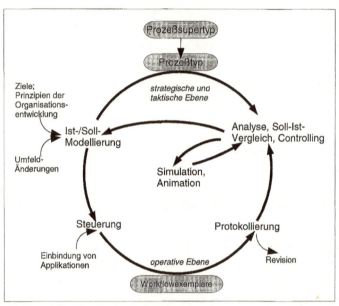

Abbildung 1: Workflow-Management-Zyklus

(Abbildung 1).

Auf der strategisch-taktischen Ebene steht die Gestaltung der Prozeßtypen im Mittelpunkt.
Sie müssen zunächst identifiziert und ihre Ziele festgelegt werden. Die Formalisierung des
Ist-Zustandes eines Prozesses führt zu einem Geschäftsprozeßmodell, dessen spezifische Stärken und Schwächen analysiert werden können. Die Simulation von Prozeßläufen
und deren animierte Darstellung kann die Analyse unterstützen und bei der Formulierung
von Verbesserungsvorschlägen helfen. Davon ausgehend werden – auch mit Hilfe von
Referenzmodellen für Prozesse (Prozeßsupertypen), die als Vorlage und Impulsgeber dienen können – Vorschläge für die Prozeß-Neugestaltung (Soll-Modelle) formuliert. Durch
wiederholte Analyse und Modellanpassung ergibt sich zyklisch ein als zufriedenstellend
anzusehendes Geschäftsprozeßmodell, das sich zur operativen Ausführung in ein

23 vgl. Heinrich/Roithmayr (1992), S. 428
24 vgl. Jablonski/Stein (1995), S. 97 und Rohloff (1996), S. 89
25 vgl. Kapitel 2.1
26 vgl. Hellmann (1994), S. 13f.

Workflow-Modell überführen läßt[27]. Der damit abgeschlossene Teilzyklus kann – im Sinne des Business Process Reengineering – zu einer erheblichen Veränderung der Aufbau- und Ablauforganisation führen.

Auf operativer Ebene werden IV-Systeme eingebunden, die die Steuerung der Workflow-Exemplare übernehmen und die Durchführung einzelner Aktivitäten (in Form von Anwendungsprogrammen) unterstützen. Die Protokollierung der Ablaufparameter ermöglicht eine Überwachung des Status der Workflow-Instanzen und (sofern nötig) das Eingreifen in den weiteren Verlauf durch autorisierte Personen. Die Ablaufprotokolle dienen nach dem Abschluß eines Vorgangs Revisionszwecken; angereichert durch weitere Informationen (z.B. aus Kostenrechnungssystemen[28]) können sie im Zuge eines Soll/Ist-Vergleichs analysiert werden und so das Prozeßcontrolling unterstützen. Wird an dieser Stelle Handlungsbedarf erkannt, kann eine Anpassung des Workflow-Modells im Sinne einer kontinuierlichen Verbesserung erfolgen, wodurch dieser Teilzyklus geschlossen wird.

Auf die besondere Bedeutung der Analysephasen innerhalb des Workflow-Management-Zyklus wird in Kapitel 5 näher eingegangen.

2.4 Workflow-Management-Systeme

2.4.1 Definition

Workflow-Management-Systeme (WFMS) sind IV-technische Systeme, die die im Rahmen des Workflow-Management-Zyklus beschriebenen Aufgaben unterstützen[29] und damit der Planung, Ausführung und Kontrolle von Geschäftsprozessen dienen[30]. Idealerweise erfolgt diese Unterstützung in allen Phasen und auf allen Einsatzebenen des Zyklus durch ein integriertes Softwaresystem.

In der Regel beschränkt sich der Funktionsumfang bei kommerziell als WFMS angebotenen Systemen auf die Definition, Steuerung und Ausführung von Workflow-Exemplaren. Ergänzt werden diese Systeme von Werkzeugen, die für den Einsatz in Teilbereichen des Zyklus konzipiert sind (z.B. Modellierungstools für Geschäftsprozesse, Simulationsprogramme oder Kostenrechnungswerkzeuge[31]). Demgegenüber gibt es auch Systeme, die die Gedanken des Workflow-Managements unterstützen, ohne sich WFMS zu nennen: Im Unterschied zu den *originären* sind diese sogenannten *derivativen WFMS*[32] aus anderen Programmkategorien hervorgegangen. Beispiele für Programme, die um eine flexible Ablaufgestaltung im Sinne des Workflow-Management erweitert wurden, sind Dokumentenmanagementsysteme, E-Mail-Systeme, Groupware, aber auch operative Systeme (z.B. Standardanwendungssoftware). Derivative WFMS integrieren aufgrund ihrer Her-

27 vgl. Kurbel u.a. (1997), S. 66 und Jablonski u.a. (1997), S. 183
28 vgl. Kapitel 5.1.3
29 vgl. Heilmann (1994), S. 16
30 vgl. Weiß/Krcmar (1996), S. 508
31 vgl. Finkeißen u.a. (1996), S. 59
32 vgl. Weiß/Krcmar (1996), S. 507

kunft bereits nutzbare Basisfunktionalität, bieten im allgemeinen aber weniger mächtige Modellierungskonstrukte als originäre WFMS. Letztere verfügen hingegen über mächtige Schnittstellen zur Einbindung von Applikationen.

2.4.2 Ziele

Mit dem Einsatz von WFMS können verschiedene Ziele im Rahmen der Prozeßunterstützung verfolgt werden[33]:

- Die Modellierung und Automation von Prozessen kann zu einer Standardisierung von Abläufen beitragen[34]. Dies garantiert eine „korrekte" Abfolge von Arbeitsschritten und fördert die Prozeßqualität, weil fehlgeleitete Prozeßexemplare vermieden werden.

- Der Einsatz der IV-Technik als Kommunikationsmedium ersetzt traditionelle, papierbasierte Kommunikation und kann durch die Reduktion von Transport- und Liegezeiten zu einer drastischen Senkung der Durchlaufzeiten führen.

- Einzelne Anwendungssysteme können in den Hintergrund treten und dem Benutzer die Konzentration auf den Prozeß ermöglichen[35]. Durch übersichtliche Präsentation der von einem Bearbeiter auszuführenden Aktivitäten läßt sich die Arbeit leichter organisieren und die Effizienz der Bearbeitung erhöhen.

- WFMS fördern die Integration der beteiligten Anwendungssysteme. Daten müssen nicht in verschiedenen Systemen mehrfach erfaßt werden, Medienbrüche können mit einer weitreichenden IV-Unterstützung reduziert werden.

- Durch die Trennung der Prozeß- von der Aufgabenlogik kann einerseits die Prozeßlogik bei Bedarf leichter geändert werden, andererseits lassen sich wiederkehrende Aktivitätenfolgen in unterschiedlichen Prozeßzusammenhängen einfacher wiederverwenden[36].

- Die Protokollierung der Vorgänge ermöglicht Statusabfragen und Auswertungen durch ein Prozeßcontrolling. Die Transparenz der Prozesse wird dadurch für Kunden, Mitarbeiter und die Unternehmensleitung erhöht.

2.4.3 Einsatzmöglichkeiten von WFMS

Einsatz und Gestaltung von WFMS hängen in hohem Maße von der Charakteristik der abzubildenden Prozesse und den technischen Möglichkeiten der verwendeten Software ab.

Im Rahmen der Modellierung von Geschäftsabläufen können Prozesse unterschiedlicher Art identifiziert werden: Der Prozeß des Managements einer Produktentwicklung unterscheidet sich naturgemäß stark von Routineprozessen in Produktion oder Verwaltung. Zur

---

33 vgl. Bertram (1996), S. 46
34 vgl. Heß (1998), S. 56
35 vgl. Österle (1995), S. 146
36 vgl. Mohan (1998), S. 2

Strukturierung der Gesamtheit der Unternehmensprozesse bietet sich die Klassifikation der Prozesse nach operationalisierbaren Attributen an. Beispiele solcher Attribute sind[37]:

Grad der Formalisierbarkeit: Ein Prozeß ist gut formalisierbar, wenn sich sein Ablauf präzise in Form eines Algorithmus beschreiben läßt.

Grad der Arbeitsteilung: Gibt die Zahl der an der Ausführung des Prozesses beteiligten Rollen an.

Grad der Veränderlichkeit: Bedingt durch Umfeldänderungen können Prozesse ohne Strukturveränderung unterschiedlich häufig wiederholt werden.

Mit Hilfe einer derartigen Klassifizierung kann abgeschätzt werden, inwiefern sich ein Prozeß für die Unterstützung durch ein WFMS eignet. Generell können in den Attributkombinationen zwei Extreme beobachtet werden, die die Möglichkeiten für die IV-technische Unterstützung bestimmen[38]:

· Schlecht formalisierbare Prozesse, die einmalig oder nur sehr selten ausgeführt werden, bilden die Klasse der Ad-hoc-Workflows. WFMS sind für diese Art von Prozessen in ihrer bisherigen Form sehr schlecht geeignet, als Unterstützungsplattform bietet sich Groupware[39] an.

· Für die Implementierung in WFMS sind Prozesse geeignet, die ex-ante in einem Workflow-Modell beschrieben werden können. Sie erzeugen (bedingt durch ihre hohe Arbeitsteiligkeit) einen hohen Koordinationsbedarf. Eine wirtschaftliche Umsetzung in einem WFMS kann aber nur dann erfolgen, wenn zu einem Prozeßtypen ohne Modifikation des Modells viele Exemplare gebildet werden können.

Eine besondere Herausforderung stellen Prozesse dar, in denen Teilprozesse mit unterschiedlichen Attributskombinationen festgestellt werden.

Auf der Seite der WFMS herrschen durchaus unterschiedliche Vorstellungen darüber, wie die Unterstützung von Benutzertätigkeiten durch ein solches System aussehen sollte[40]. Mögliche Unterstützungsformen sind:

Unterstützung durch Information. Prozeßtransparenz läßt sich oft schon dadurch herstellen, daß Benutzern Informationen über Prozeßexemplare und -typen bei der Bearbeitung (z.B. in Form einer detaillierten Dokumentation von Verfahrensweisen) zur Verfügung gestellt werden.

Unterstützung durch Überwachung. Diese Form bietet sich an, wenn Prozeßmodelle viele Freiheitsgrade enthalten (indem eine Aktivität beispielsweise von einer Reihe von Personen ausgeführt werden kann). Das System überwacht dann nur die Einhaltung gegebener Parameter (z.B. Termine). Benutzer haben eine Holschuld gegenüber dem System, werden aber auf ausstehende Aktivitäten hingewiesen.

---

37 vgl. Heilmann (1994), S. 11f., v. Uthmann u.a. (1997), S. 109 und Clauss u.a. (1997), S. 4
38 vgl. Weiß/Krcmar (1996), S. 509
39 vgl. Kapitel 3.3.1.2
40 vgl. Jablonski u.a. (1997), S. 92ff.

Unterstützung durch Steuerung und Kontrolle. Diesem Paradigma folgen die meisten kommerziellen WFMS, indem sie Benutzern anstehende Aktivitäten zuweisen und ihnen die dafür erforderlichen Daten und Programmfunktionen zur Verfügung stellen.

Unterstützung durch Assistenz und Planung. Benutzer erhalten in diesem Szenario die Möglichkeit, aktiv den weiteren Prozeßverlauf zu bestimmen. Das WFMS bietet hierfür Vorschläge und assistierende Informationen über die bestehenden Handlungsmöglichkeiten an.

Diese Einsatzkonzepte unterscheiden sich zum einen im Ausmaß der Integration in den Workflow-Management-Zyklus, zum anderen aber auch in der zugrunde liegenden Sichtweise der Benutzer. Dabei ist nicht jede Unterstützungsform für die verschiedenen Prozeßarten in gleicher Weise geeignet: In einem Industrieunternehmen beispielsweise, das Massengüter herstellt und vertreibt, kann der Routineprozeß der Auftragsabwicklung in einem hohen Maß durch Steuer- und Kontrollinstrumente unterstützt werden. Im Prozeß der Produktentwicklung, der schlechter formalisierbar ist und auf ganz anderen Kommunikationsbeziehungen zwischen den beteiligten Rollen basiert, ist dies sicher nicht angebracht. Hier bieten sich Systeme an, die eine eher überwachende (Ressourceneinsatz, Projekttermine) oder assistierende Rolle im Rahmen des Projektmanagements einnehmen.

Ferner sollte nicht übersehen werden, daß auch innerhalb eines einzelnen Prozesses Unterstützung in unterschiedlicher Form häufig erwünscht ist. Dies sollte in einem WFMS berücksichtigt werden, indem das System die verschiedenen vorgestellten Rollen einnehmen kann. Letztlich muß die Art der Unterstützung vor allem mit den Normen und Managementprinzipien der Organisation in Einklang gebracht werden; treten an dieser Stelle Divergenzen auf, ist die Akzeptanz eines WFMS stark gefährdet.

2.4.4 Anforderungen an WFMS

Standen im letzten Abschnitt die durch verschiedene Einsatzkonzepte bedingten Unterschiede von WFMS im Vordergrund, so sollen an dieser Stelle die Gemeinsamkeiten dieser Systeme anhand eines Anforderungskataloges betont werden.

Die Anforderungen an WFMS können in funktionale und nicht-funktionale Kriterien unterteilt werden. Funktionale Anforderungen beschreiben die eigentliche Funktionalität, d.h. die angebotenen Dienste eines Systems, während nicht-funktionale Anforderungen die näheren Bedingungen der Funktionsausführung (Verfügbarkeit, Antwortzeiten) erfassen[41].

---

41 vgl. Jablonski u.a. (1997), S. 219

2.4.4.1 funktionale Anforderungen

Die funktionalen Anforderungen an WFMS werden durch ihre Aufgabe bestimmt, die Gestaltung, Ausführung und Kontrolle von Prozessen zu ermöglichen. Sie können daher an den Hauptaspekten des Workflow-Management-Zyklus festgemacht werden:

Modellierung: Ein WFMS muß die umfassende Modellierung von Workflows ermöglichen. Dazu gehören die Definition der horizontalen und vertikalen Prozeßstruktur, die Beschreibung der Workflow-relevanten Daten und Datenflüsse, die Parameter zur Einbindung von Applikationen und die Abbildung der Organisationsstruktur. Das WFMS wird seiner Aufgabe dann gerecht, wenn keine Modellierungsrestriktionen die Umsetzung eines Prozesses behindern.

Analyse: Die Analysemöglichkeiten eines WFMS unterstützen die Kontrolle und Optimierung von Workflows. Analyseergebnisse sollen die Ziele der Prozesse unterstützen, d.h. sie müssen sich in betriebswirtschaftlich operationalisierbaren Größen ausdrücken.

Steuerung: Die Steuerungsfunktionalität umfaßt die im Rahmen des Workflow-Modells festgelegte Auswahl von Aktivitäten, die Bereitstellung der für die Ausführung relevanten Daten und Programme sowie die Bereitstellung der Arbeitsaufträge für die Benutzer. Vor allem die Fähigkeit zur Integration von Applikationen ist für WFMS eine kritische Erfolgsgröße.

Protokollierung: Die Aufzeichnung der Ausführungsumstände von Workflows ist für die Analyse von besonderer Bedeutung. Ein WFMS hat darüber hinaus sicherzustellen, daß nur berechtigte Personen Zugang zu den Protokolldaten erhalten.

2.4.4.2 nicht-funktionale Anforderungen

WFMS müssen alle an einem Prozeß beteiligten Personen erreichen und sich an gegebenen technischen Infrastrukturen orientieren. Sie sind daher „von Natur aus verteilte heterogene Anwendungen"[42]. Die nicht-funktionalen Anforderungen an WFMS umfassen deshalb typische Aspekte verteilter Systeme[43]:

Verfügbarkeit: Die Unterstützung geschäftskritischer Prozesse durch WFMS erfordert eine hohe Verfügbarkeit des Systems. Technisch wird diese durch redundante Systemteile und Replikation erreicht.

Skalierbarkeit: Das System muß einer unterschiedlich großen oder auch zunehmenden Anzahl Benutzer oder Workflow-Exemplare gewachsen sein.

Transparenz: Die Verteilung und Heterogenität der Systemkomponenten muß weitgehend vor dem Benutzer verborgen werden.

---

42 Leymann/Roller (1997), S. 3
43 vgl. Jablonski u.a. (1997), S. 223 und S. 241

Offenheit: WFMS müssen sich in die Netzwerk-, Betriebssystem- und Anwendungs-
umgebung eines Unternehmens integrieren. Idealerweise findet diese Integration auf
der Basis offener Schnittstellendefinitionen statt.

2.4.5 Architektur von WFMS

Aus den vorgestellten Anforderungen an WFMS kann nun eine generische Architektur für
diese Systeme abgeleitet werden. Eine solche Referenzarchitektur ermöglicht beispielsweise die Beurteilung und den Vergleich der funktionalen Komponenten kommerzieller
WFMS; im Rahmen dieser Arbeit wird das Architekturmodell für die Untersuchung der IV-
technischen Realisierungsmöglichkeiten von WFMS herangezogen[44].

2.4.5.1 Schnittstellenmodell der WfMC

Ein etablierter Ansatz für die Beschreibung der funktionalen Zusammenhänge in
Workflow-Management-Systemen ist das Referenzmodell[45] der Workflow Management
Coalition (WfMC). Die WfMC ist ein Interessenverband von WFMS-Anbietern und
-Anwendern, der die Förderung des Einsatzes dieser Systeme durch die Festlegung von
gemeinsamen Standards zum Ziel hat. Zu diesem Zweck wurde neben einer einheitlichen
Workflow-Terminologie eine Referenzarchitektur definiert, in der die Komponenten und
die zwischen diesen bestehenden Schnittstellen festgelegt werden. Durch die Standardi-
sierung der Schnittstellen erhofft sich die WfMC die Entwicklung interoperabler WFMS.

Die Komponenten der WfMC-Architektur ergeben sich aus den funktionalen Anforderungen und umfassen:

- *Workflow-Definitionswerkzeuge* zur Modellierung,
- Werkzeuge zur *Administration und Überwachung*, die im Rahmen der Analyse und Pro-
  tokollierung eingesetzt werden,
- den *Workflow-Ausführungsdienst* als zentrale Komponente des Modells, die die Steue-
  rung von Workflows übernimmt,
- *Workflow-Client-Anwendungen*, die die Benutzungsoberfläche während der Workflow-
  Steuerung darstellen und
- *Applikationen*, d.h. in den Workflow eingebundene Anwendungsprogramme.

Die Standardisierungsbemühungen der WfMC beziehen sich auf die Schnittstellen der
einzelnen Komponenten zu den Workflow-Ausführungsdiensten. Beispielsweise wird an
der Schnittstelle der Workflow-Definitionswerkzeuge eine Beschreibungssprache für
Workflow-Modelle (Workflow Process Definition Language) spezifiziert. Eine Interoperabi-
litäts-Schnittstelle dient der Kopplung zweier Ausführungsdienste und ermöglicht somit
das operative Zusammenspiel mehrerer WFMS.

---

44 vgl. Kapitel 4.2
45 vgl. WfMC (1994)

Ohne den grundsätzlich richtigen Ansatz der herstellerübergreifenden Standardisierungs-bemühungen der WfMC in Zweifel ziehen zu wollen, wird in letzter Zeit auch Kritik an diesem Referenzmodell laut[46].

So hat die eher zögerliche Standardisierung der Schnittstellen verhindert, daß die WfMC-Standards bisher eine nennenswerte Verbreitung erlangt haben. Hersteller von WFMS setzen daher auf bewährte proprietäre Schnittstellen und verwenden diese, um ihre Systeme interoperabel zu machen. Auch die Gestaltung der bereits verabschiedeten Schnittstellen wird kritisiert, weil – wohl als typische Erscheinungsform von Kompromissen in Standardisierungsgremien – diese oft nur eine minimale Funktionalität vorsehen und der inkompatiblen Erweiterung durch die WFMS-Hersteller den Weg ebnen[47].

Zu einem weiteren Problem für das WfMC-Modell in seiner bekannten Form kann die Tätigkeit konkurrierender Standardisierungsgremien werden. Jablonski[48] weist darauf hin, daß die Object Management Group (OMG)[49] bereits eigene Bemühungen zur Standardisierung der Workflow-Funktionalität unternimmt – nicht zuletzt aufgrund der offensichtlich schlechten Eignung des WfMC-Ansatzes für objektorientierte Software.

Da sich zur Zeit aber keine anerkannte Alternative zum Architekturmodell der WfMC anbietet, soll dieses hier zur Darstellung der funktionalen Architektur genügen.

2.4.5.2 Schichtenmodell für WFMS

Das vorgestellte Modell der WfMC deckt nur die funktionalen Anforderungen von WFMS ab. Für die Integration der nicht-funktionalen Aspekte wurde ein Schichtenmodell[50] vorgeschlagen, so daß sich die Gesamtarchitektur eines WFMS wie in Abbildung 2[51] dargestellt ergibt.

Die funktionalen Module wurden hier durch die Komponenten des WfMC-Referenzmodells dargestellt. Diese Modulschicht bildet die oberste Ebene des Modells. Im Idealfall stehen ihr innerhalb eines WFMS alle Dienste der darunterliegenden Schichten zur Verfügung, die die nicht-funktionalen Anforderungen realisieren.

---

46 vgl. Weiß/Krcmar (1996), S. 507 und Jablonski u.a. (1997), S. 246
47 vgl. Derszteler (1996), S. 595
48 vgl. Jablonski u.a. (1997), S. 302
49 vgl. Kapitel 3.2.3.2
50 vgl. Heinl/Schuster (1996), S. 439 und Jablonski u.a. (1997), S. 241
51 in Anlehnung an WfMC (1994), S. 20 und Jablonski u.a. (1997), S. 241

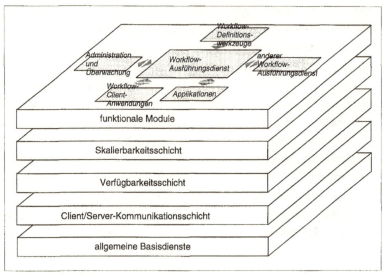

Abbildung 2: Schichtenmodell eines WFMS

Die unterste Schicht bilden allgemeine Basisdienste, wie z.B. Betriebssystem-, Kommuni-
kations- und Datenhaltungsfunktionen. Auf sie greift die darüberliegende Schicht für die
Client/Server-Kommunikation zu, die für die Transparenz[52] der Verteilung und Heterogenität sorgt. Die Verfügbarkeitsschicht verwendet Replikationsmechanismen, um das System
gegenüber Komponentenausfällen tolerant zu machen. Die Skalierbarkeitsschicht letztlich
implementiert Mechanismen, die das Wachsen des WFMS sowohl räumlich als auch in
Bezug auf die Systemlast ermöglichen.

Der Vorteil[53] dieser Schichtenarchitektur liegt in der Reduktion der Systemkomplexität.
Einzelne Teilgebiete der unteren und mittleren Schichten sind im Rahmen der Untersuchung verteilter Systeme bereits gut erschlossen und auch als kommerzielle Systeme verfügbar[54]; die Implementierung der eigentlichen Workflow-Funktionalität kann daher unter
Verwendung dieser Hilfssysteme erfolgen.

Leider machen bisher nur wenige WFMS von dieser Möglichkeit Gebrauch. Der Rückgriff
auf die Schicht der Basisdienste (durch die Verwendung eines relationalen Datenbanksy-
stems beispielsweise) hat sich zwar durchgesetzt, es kann aber beobachtet werden, daß
viele WFMS eigene Konzepte bei der Realisierung der mittleren Schichten verfolgen. Ein
Grund dafür liegt sicher in der Tatsache, daß Kommunikation, Verfügbarkeit und Skalierbarkeit in hohem Maße von den verwendeten Hard- und Softwareplattformen abhängen
und sich für diese Mechanismen bisher noch kein interoperabler Standard herausgebildet
hat.

---

52 vgl. Kapitel 3.2.3.2
53 vgl. Jablonski u.a. (1997), S. 242
54 Auf die Aspekte dieser sogenannten Middleware wird in Kapitel 3.2.3.2 eingegangen.

2.4.6 Probleme der IV-Unterstützung von Workflow- und Prozeßmanagement

Die Diskussion der WfMC-Architektur hat bereits gezeigt, daß der WFMS-Ansatz nicht frei von Problemen ist. Der Umsatz im gesamten Workflow-Markt, der die Entwicklung, Beratung und Umsetzung von Lösungen im Umfeld des Workflow Management umfaßt, wächst nach einer Untersuchung der Delphi Group weltweit jährlich um 10-15%[55]. Außerdem sehen IT-Manager in der technischen Umsetzung des Workflow-Managements in den nächsten Jahren ein Thema mit höchster Priorität[56]. Angesichts der Tatsache, daß aber 57% der potentiellen Anwender von WFMS diesen Systemen eine mangelnde technische Produktreife bescheinigen[57], stellt sich die Frage, ob die bisher angebotenen WFMS das bestehende Marktpotential überhaupt ausschöpfen können.

In diesem Abschnitt soll auf die Schwierigkeiten hingewiesen werden, die sich beim Einsatz marktgängiger WFMS stellen. Folgende Problembereiche eines IV-unterstützten Prozeßmanagements können identifiziert werden[58]:

heterogene IV-Infrastruktur

Ein WFMS muß alle Hardware- und Software-Plattformen erreichen, die für die Ausführung eines Prozesses benötigt werden. Kommerziell verfügbare Systeme können daher auf vielen verschiedenen Plattformen aufsetzen und bieten eine Vielzahl von Möglichkeiten zur Einbindung von Applikationen. Ein Problem besteht in vielen Unternehmen darin, daß gerade bei operativ wichtigen Systemen (z.B. in Finanzbuchhaltung oder Warenwirtschaft) noch häufig eigenentwickelte Software eingesetzt wird: Existiert zwischen einem solchen System und dem WFMS keine Schnittstelle, muß die Eigenentwicklung (kostenaufwendig) angepaßt oder sogar ersetzt werden.

funktionale Mängel

Eine vollständige IV-Unterstützung der Gedanken des Workflow-Management-Zyklus findet sich in der Praxis höchst selten, da vor allem die Protokollierungs- und Analysemöglichkeiten der WFMS oft unzureichend sind. Im Rahmen der Prozeßorientierung kommt der Bewertung der ablaufenden Prozesse durch ein Prozeßcontrolling eine entscheidende Rolle zu. Die fehlende Integration der WFMS mit Kostenrechnungssystemen verhindert die Nutzung von Synergieeffekten im Sinne eines durchgängigen Prozeßmanagements[59].

mangelnde Interoperabilität

Die unterschiedliche Ausgestaltung von WFMS hinsichtlich der Mächtigkeit ihrer Modellierung, der unterstützten technischen Plattformen und der bereits integrierten

---

55 vgl. Mohan (1998), S. 3
56 laut einer Untersuchung von DAT, zitiert nach: Computer Zeitung 16/1998, S. 9
57 Quelle: Trendresearch Heinrich, zitiert nach: Computer Zeitung 31/1997, S. 17
58 vgl. Jablonski u.a. (1997), S. 450
59 vgl. Heilmann u.a. (1997), S. 7ff.

Funktionalität (z.B. Dokumentenmanagement) bedingt eine unterschiedliche Eignung für verschiedene Prozesse. Wählt ein Unternehmen nun für jeden Prozeß das geeignetste System aus, entstehen sehr schnell Insellösungen, weil mangels anerkannter Schnittstellen die WFMS nicht verbunden werden können. Prozeßverflechtungen können daher kaum berücksichtigt werden.

Akzeptanzprobleme

WFMS greifen sehr stark in die Arbeitsgestaltung der betroffenen Mitarbeiter ein. Wenn es versäumt wird, Benutzer von den Erfordernissen der Prozeßorientierung und den Vorteilen des Systems zu überzeugen, dann entsteht nicht zuletzt durch die Steuerungsfunktion des WFMS schnell ein Gefühl der Bevormundung. Benutzer können sich auch durch das Vorhandensein einer Protokollierung überwacht fühlen. Tauchen solche Probleme auf, werden die Nutzeneffekte des WFMS-Einsatzes durch die Ablehnung der Anwender schnell zunichte gemacht.

Eignung für Ad-hoc-Workflows[60]

WFMS eignen sich nicht für alle Typen von Prozessen[61]. Ihr Einsatz ist daher in vielen Fällen nicht oder nicht durchgängig möglich. Gerade im Zuge der Prozeßorientierung ist in vielen Unternehmensbereichen aber ein Trend zu Projekt- und Gruppenarbeit[62] zu beobachten – Arbeitsformen, die von hergebrachten WFMS kaum unterstützt werden, weil ihnen ein unzutreffendes Verständnis der Art und Weise der Unterstützung zugrunde liegt[63]. Mit dem Ziel der besseren Eingliederung in solche Prozesse muß die Weiterentwicklung von WFMS oder die Integration mit dafür besser geeigneten Systemen (Groupware) vorangetrieben werden[64].

Die aufgezeigten Probleme führen also auf Defizite von WFMS, die sowohl im technisch-funktionalen Bereich liegen als auch auf die unzureichende Berücksichtigung arbeitsorganisatorischer Rahmenbedingungen zurückzuführen sind.

2.5 Workflow- und Prozeßmanagement in der Praxis

Die Notwendigkeit der Prozeßorientierung und ihrer IV-Unterstützung einerseits und die aufgezeigten Schwächen von WFMS andererseits hinterlassen am Ende dieses Kapitels einen zwiespältigen Eindruck vom Stand des Workflow- und Prozeßmanagements. In der Praxis äußert sich dies in einer eher bescheidenen Verbreitung von Workflow-Management-Systemen und dem seit etwa zehn Jahren immer wieder vorausgesagten Durchbruch dieser Systeme.

Bei einer nähere Betrachtung des Workflow-Marktes und des Standes der Praxis können folgende Beobachtungen gemacht werden:

---

60 vgl. Schneider (1995), S. 108
61 vgl. Kapitel 2.4.3
62 vgl. Kapitel 5.1
63 vgl. Kapitel 2.4.3
64 vgl. auch hierzu die Aktivitäten im Rahmen des Software-Labors: Clauss u.a. (1997)

• Obwohl originäre WFMS eine oftmals weitergehende Unterstützung des Prozeßmanagements bieten, scheinen Anwender häufig derivativen Systemen den Vorzug zu
geben. Als Hauptargument für diese Systeme kann gelten, daß für die Anwender hier
der unmittelbar durch die Funktionalität des Systems (Dokumentenmanagement,
Groupware) hervorgerufene Nutzen im Vordergrund steht. Workflow-Management
wird – vor allem, wenn ein bereits etabliertes Produkt um entsprechende Funktionalität
erweitert wird – sozusagen als Zusatzfunktion gesehen, mit der sich erst einmal zwang-
los Erfahrungen sammeln lassen. Problematisch bei dieser häufig stattfindenden
„Workflow-Einführung durch die Hintertür" ist, daß die Potentiale eines BPR nicht
genutzt werden, weil sich die Workflow-Implementierung eng an bestehenden Prozessen oder den Modellierungsmöglichkeiten des WFMS zu orientieren hat.
Als Reaktion auf diese Entwicklung ist zu beobachten, daß Hersteller originärer WFMS
(häufig durch Firmenübernahmen[65]) ihre Systeme um Zusatzfunktionalität zu erweitern
suchen[66].

• Viele Unternehmen sind durch die Einführung betriebswirtschaftlicher Standardanwendungssoftware (z.B. SAP R/3) zu umfangreichen Prozeßänderungen gezwungen. Dies
kann als Chance für ein Business Process Reengineering[67] gesehen werden. Dem
lange Zeit berechtigten Vorwurf, diese Systeme zwängen Unternehmen bestimmte
Strukturen auf, begegnen die Hersteller durch die Integration von Workflow-Management-Funktionalität, die kaum noch hinter der originärer WFMS zurücksteht (z.B. SAP
Business Workflow)[68]. Ein großer Vorteil dieser Systeme ist die Möglichkeit der Verknüpfung der Daten des WFMS mit denen der betriebswirtschaftlichen Komponenten
(das WFMS greift z.B. auf die Daten des Personalverwaltungs-Moduls zu, während die
finanzwirtschaftliche Komponente die Workflow-Protokolldaten verwendet).

Diese Beobachtungen lassen erkennen, daß für viele Unternehmen der Schritt zum
Workflow- und Prozeßmanagement nicht notwendigerweise zum Einsatz „reiner" WFMS
führt. Es läßt sich vielmehr beobachten, daß andere Anwendungssysteme die Gedanken
des Workflow-Managements absorbieren.

Wie können aber die im vorigen Abschnitt beschriebenen technischen und organisatorischen Probleme überwunden werden, die beim Einsatz von Workflow-Management-Soft-
ware entstehen? Eine Lösungsmöglichkeit zeichnet sich im Vordringen einer technischen
Plattform ab, die in letzter Zeit immer breiteren Raum bei der Diskussion aktueller IV-The-
men einnimmt: dem Intranet.

---

65 vgl. Mohan (1998), S. 3f.
66 Ein Beispiel bietet das Bundling des originären WFMS *IBM FlowMark* mit dem Imaging-System *ImagePlus*, dem Archivsystem
     OnDemand und dem Dokumentenmanagementsystem *Lotus Domino.Doc* zur *IBM EDMSuite*.
67 vgl. Becker u.a. (1998), S. 4
68 vgl. ebenda, S. 3

Diese technische Plattform und ihre Anwendungsfelder zu beschreiben ist Aufgabe des folgenden Kapitels. Darauf aufbauen wird dann die Untersuchung, inwiefern das Intranet zur Unterstützung des Workflow- und Prozeßmanagements beitragen kann.

3. Intranet

Intranets als Basis betrieblicher Informationssysteme sind in der kurzen Zeit, die seit der Prägung dieses Begriffs vergangen ist, zu einem vieldiskutierten Schlagwort geworden. Manche Autoren vertreten sogar die Auffassung, „daß es sich bei Intranets um die derzeit wichtigste Entwicklung in der elektronischen Datenverarbeitung handelt"[69], die in absehbarer Zukunft zur zentralen Plattform von IV-Systemen in Unternehmen werden kann. Nicht zuletzt durch diese hohen Erwartungen wurde der Markt für Intranet-Hardware, -Software und Dienstleistungen in den vergangenen Jahren zu einem der am schnellsten wachsenden Bereiche des gesamten IT-Sektors[70].

In diesem Kapitel werden die technischen Konzepte des Intranet-Modells vorgestellt. Ferner werden die Anwendungsfelder und die Nutzenpotentiale dieser Netzwerktechnologie beschrieben. Diese Ausführungen bilden die Grundlage für die im anschließenden Kapitel durchgeführte Untersuchung, welche Vorteile und technische Realisierungsmöglichkeiten das Intranet für die Unterstützung von Workflow- und Prozeßmanagement bietet.

3.1 Definition

Die erstmalige Verwendung des Begriffs *Intranet* steht nicht zweifelsfrei fest, es wird aber angenommen[71], daß er erstmals von Mitarbeitern des US-Computerherstellers Amdahl 1994 für das firmeninterne Netzwerk geprägt wurde. Seitdem hat sich *Intranet* als Bezeichnung für Unternehmensnetzwerke durchgesetzt, die auf der Technik des weltweiten Rechnerverbunds *Internet* basieren[72]. Es handelt sich bei einem Intranet um ein Informations- und Kommunikationssystem, das den Mitarbeitern eines Unternehmens zur Verfügung steht und sie bei der Erfüllung innerbetrieblicher Aufgaben unterstützt.

Erstreckt sich die Ausdehnung eines Intranets über die Grenzen einer Organisation hinaus auch auf Geschäftspartner (z.B. Kunden und Lieferanten), liegt ein *Extranet* vor[73].

Inter-, Intra- und Extranet basieren auf denselben IV-technischen Konzepten, die im folgenden Abschnitt diskutiert werden. Die nähere Charakterisierung von Intranets kann in Abgrenzung zum Internet und Extranet anhand folgender Gesichtspunkte vorgenommen werden[74]:

Adressatenkreis

Gegenüber dem öffentlichen Massenmedium Internet wendet sich das Intranet an eine (durch die Zugehörigkeit zu einem Unternehmen definierte) geschlossene Benutzergruppe. Das Extranet erweitert diese Benutzergruppe um identifizierte Partner des Unternehmens. Die Benutzer können in allen drei Fällen weltweit verteilt sein.

---

69 Kyas (1997), S. 17
70 vgl. Wolff (1997), S. 15
71 vgl. Hills (1997), S. 6
72 vgl. Stahlknecht/Hasenkamp (1997), S. 145, Casselberry (1997), S. 32 und Lackes (1998), S. 56
73 vgl. Wolff (1997), S. 18
74 vgl. Kerschbaumer (1997), S. 8

Aufgabenstellung

Der Anwendungsschwerpunkt des Internet liegt auf Massenkommunikation und allgemeiner Information, wobei sich im Zuge der Kommerzialisierung dieses Mediums eine Tendenz zu Marketing- und einfachen Geschäftsaktivitäten (Unternehmen – Kunde) abzeichnet[75]. Dem Extranet bleiben regelmäßige externe Unternehmensaktivitäten bis hin zu neuen Kooperationsformen (virtuelle Unternehmen[76]) vorbehalten. Intranets werden zur Erfüllung klassischer betrieblicher Aufgaben eingesetzt und integrieren zunehmend bestehende Applikationen und Kommunikationswerkzeuge[77].

Management und Strukturierung

Durch das Fehlen einer zentralen Managementinstanz hat sich das Internet zu einem eher schwach strukturierten und informell organisierten Medium entwickelt. Intranets hingegen unterliegen den Planungs- und Kontrollentscheidungen des Informationsmanagements eines Unternehmens. Ähnliches gilt in Extranets, deren Struktur je nach Art der Geschäftsbeziehung von den beteiligten Partnern gemeinsam oder einseitig festgelegt wird.

Kooperationsbeziehungen

Die in vorangegangenen Punkt aufgeführten Unterschiede hinsichtlich der Existenz von Managementinstanzen prägen auch die in den verschiedenen Netzen möglichen Kooperationsbeziehungen: Während im Internet prinzipiell alle Nutzer kommunizieren und sich situativ zu (Interessens-) Gruppen zusammenfinden können, geben in Intranets die unternehmensinternen Reglements (Zugehörigkeit zu organisatorischen Einheiten, Kompetenzen) die möglichen Kommunikations- und Kooperationsbeziehungen vor. Ähnliches wird in Extranets durch die Rolle der Geschäftspartner festgelegt.

Sicherheitskonzepte

Durch die Verfügbarkeit sensibler und schützenswerter Daten ist in einem Intra-/Extranet ein weitreichenderes Sicherheitsmanagement als bei einer bloßen Internet-Anbindung erforderlich, bei der anonymen Benutzern jeder Zugriff auf unternehmensinterne Daten verwehrt wird. Die Kernfunktionen eines Sicherheitskonzepts müssen folgende Punkte gewährleisten[78]:

- Authentifizierung von Benutzern
- Datenintegrität, d.h. Schutz vor Manipulation
- Verfügbarkeit der IV-technischen Ressourcen
- Geheimhaltung sensibler Daten

---

75 vgl. Kurbel (1998), S. 9
76 vgl. Hinterholzer (1997), S. 221
77 zum Anwendungsspektrum von Intranets vgl. Kapitel 3.3
78 vgl. Novacek (1997) und Haas/Ziegelbauer (1997), S. 51

Die vorgenommene Differenzierung soll nicht den Blick darauf verstellen, daß sich die
Einsatzfelder von Inter-, Intra- und Extranet für ein Unternehmen idealerweise ergänzen
und sich durch die gemeinsame technische Basis die Integration der drei Netzformen
anbietet.

3.2 IV-Konzepte des Intranet

3.2.1 Der Internet-Ansatz

Inter-, Intra- und Extranet beruhen auf IV-Konzepten, die auf ein Forschungsprojekt des
US-amerikanischen Verteidigungsministeriums in den 60er Jahren zurückgehen (*Arpa-
net*). Das ursprüngliche Ziel des Arpanets war die Definition eines Kommunikationsproto-
kolls, das den zuverlässigen Datenaustausch zwischen heterogenen Rechner- und
Betriebssystemplattformen in einem Rechnerverbund ermöglichen sollte[79]. Die resultie-
rende Technologie wurde von Hochschulen und Forschungsinstituten rasch als Standard
akzeptiert und im Rahmen eigener Forschungen weiterentwickelt. Die kommerzielle Verbreitung der Internet-Technik setzte mit ihrer Integration in die Unix-Betriebssysteme ein.
Durch die frühzeitige Standardisierung und Offenlegung der technischen Konzepte wurde
die Internet-Technologie zur wichtigsten Plattform für die Kopplung heterogener Rechner-
welten und letztlich die Basis des weltgrößten Informations- und Kommunikationsverbun-
des, dem Internet.

Auf der anderen Seite wurden in der betrieblichen IV zunehmend vernetzte Informationssysteme eingeführt, die die Kommunikation von Mitarbeitern und dem gemeinsamen
Zugriff auf Ressourcen (Hardware, Daten) unterstützen. Unterschiedliche Informationssysteme wurden auf verschiedenen technischen Plattformen (z.B. Mainframe- oder lokale
PC-Netze) realisiert, was sowohl durch die Charakteristik der Anwendungen als auch
durch die technische Weiterentwicklung hervorgerufen wurde. Die Rechnernetze basieren
daher auf den unterschiedlichsten technischen Konzepten, so daß die Integration von
heterogenen Netzen eine große Herausforderung an die Unternehmens-IV darstellt. Die
Anwendung der bewährten Internet-Technik, die ja ursprünglich zur Lösung von Integra-
tionsproblemen in einem anderen Kontext entwickelt wurde, liegt auf der Hand und muß
als eigentliche Motivation für die Entwicklung von Intranets gesehen werden. Ein Intranet
kann potentiell alle Unternehmensnetzwerke integrieren und auch öffentliche Leitungen
einbeziehen[80].

3.2.2 Die Internet-Schichtenarchitektur

Die Strukturierung der Software-Aspekte von Rechnernetzen erfolgt üblicherweise mit
Hilfe eines Schichtenmodells[81], wie es dem OSI-Referenzmodell der ISO (International

---

79 vgl. Wolff (1997), S. 11
80 vgl. Kyas (1997), S. 45 und Kapitel 4.1.3.2
81 vgl. Tanenbaum (1997), S. 33

Standards Organization) zugrunde liegt. In diesem Modell werden sieben Schichten definiert, um komplexe Übertragungsprobleme zu strukturieren. In jeder Schicht werden Protokolle festgelegt, die die Kommunikation von Partnerinstanzen der jeweiligen Schicht
regeln. Eine Schicht realisiert dabei eine Menge von Diensten, die über eine festgelegte
Schnittstelle der darüberliegenden Schicht angeboten wird. Die Implementierungsdetails
eines Dienstes werden so vor höheren Schichten verborgen.

In Abbildung 3[82] erfolgt eine Zuordnung der Internet-Dienste und Protokolle zu den
Schichten des OSI-Referenzmodells[83].

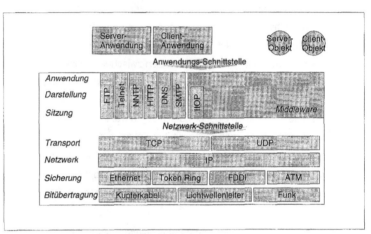

Abbildung 3: Schichtenarchitektur des Inter-/Intranet

Die Konzepte des Internet-Schichtenmodells und dessen wichtigsten Protokolle stehen im
Mittelpunkt der folgenden Abschnitte.

3.2.2.1 Transportsystem TCP/IP

Die Netzwerk- und Transportschicht bilden den Kern eines Rechnernetzes. In diesen
Schichten wird von der konkreten Netzwerk-Hardware und den Zugriffsmechanismen auf
die verschiedenen Netzwerkmedien abstrahiert und den darüberliegenden Schichten einheitliche Dienste für den Austausch von Daten über alle verbundenen Rechnersysteme
hinweg angeboten. Zusammenfassend wird für die Transportschicht und die darunterliegenden Schichten die Bezeichnung *Transportsystem* verwendet.

Dem Protokoll der Netzwerkschicht *IP* (Internet Protocol) kommt die wichtige Rolle zu,
durch die Definition eines einheitlichen Adressenschemas die netzwerkweite Erreichbar-
keit jedes Rechners sicherzustellen und die korrekte Zustellung von Datenpaketen zu
gewährleisten[84].

---

82 vgl. Tanenbaum (1997), S. 53 und Wolff (1997), S. 12
83 Eine umfassende Diskussion des ISO-OSI-Modells und Beschreibung der Aufgaben der einzelnen Schichten findet sich beispiels -
    weise in Tanenbaum (1997), S. 44ff.
84 vgl. Kerschbaumer (1997), S. 5

Die Transportschicht-Protokolle *TCP* (Transmission Control Protocol) und *UDP* (Universal Datagram Protocol) realisieren auf der Basis des IP die Dienste des Transportsystems: TCP erlaubt die fehlerfreie Übertragung von einem Endsystem im Internet zu einem anderen[85] und mit UDP können kurze Datenpakete (Datagramme) effizient zwischen Rechnern übertragen werden[86].

Die zentrale Rolle der Protokolle der Netzwerk- und Transportschicht zeigt sich auch darin, daß die Internet-Protokolle häufig als *TCP/IP-Protokollfamilie* bezeichnet werden.

3.2.2.2 Standardisierte Anwendungsprotokolle

Auf dem TCP/IP-Transportsystem bauen die Anwendungsdienste des Internet-Modells auf, die durch Protokolle für gängige Netzwerkanwendungen beschrieben werden. Mit Hilfe dieser Protokolle lassen sich Dienste über Systemgrenzen hinweg nutzen, die in lokalen Netzwerken häufig benötigt werden, aber im allgemeinen nicht systemübergreifend zur Verfügung stehen.

Alle Internet-Anwendungen werden als Client/Server-Dienste realisiert, so daß sie über die Anwendungsschnittstelle sowohl von Server- als auch von Client-Programmen angesprochen werden.

Die wichtigsten Anwendungsdienste[87] und -Protokolle des Internet sind[88]:

Kommunikationsdienste. E-Mail auf der Basis von *SMTP* (Simple Mail Transfer Protocol) wird für 1:n-Kommunikation eingesetzt, während sich mit *NNTP* (Network News Transport Protocol) eine m:n-Kommunikation in Diskussionsforen realisieren läßt.

Dateiübertragung. Mit Hilfe von *FTP* (File Transfer Protocol) werden Dateien zwischen Rechnern ausgetauscht. Dadurch können von einem Rechner (File-Server) Dateien über Systemgrenzen hinweg zur Verfügung gestellt werden.

Virtuelles Terminal. Benutzer können sich mittels des *Telnet*-Dienstes an anderen Rechnern anmelden und dort arbeiten.

Systemdienste. Eine Reihe von Protokollen gewährleistet die Nutzung des Rechnernetzes (z.B. *DNS* – Domain Name Service) und dient dem Management der eingebundenen Systeme (z.B. *SNMP* – Simple Network Management Protocol).

Web-Dienst. Dieser jüngste Internetdienst basiert auf *HTTP* (Hypertext Transport Protocol) und ist in seiner Ausprägungsform als World Wide Web nicht unerheblich für die Verbreitung der Internet-Technologie bis in die Alltagskultur hinein verantwortlich. Der Web-Dienst realisiert ein verteiltes Hypermedium, d.h. er stellt eine, sich über mehrere Rechner erstreckende, Menge von Dokumenten zur Verfügung, die über

---

85 die Charakterisierung des TCP-Dienstes ist somit *zuverlässig, verbindungsorientiert*, vgl. Tanenbaum (1997) S. 544ff.
86 UDP stellt einen *unzuverlässigen, verbindungslosen* Dienst dar, vgl. Tanenbaum (1997), S. 563ff.
87 für konkrete Anwendungsszenarien dieser Dienste im Intranet vgl. Kapitel 3.3
88 vgl. Hills (1997), S. 8

Verknüpfungen (*Links*) verbunden sind und die verschiedene Medien integrieren (Text, Grafik, Video).

Abschließend sei noch einmal darauf hingewiesen, daß alle genannten Dienste (mit Einschränkungen beim Web-Dienst) selbstverständlich auch in einem klassischen Unternehmensnetz angeboten werden können (in einem Großrechnernetz beispielsweise). Erst die Internet-Technologie macht die genannten Dienste aber über praktisch alle Systemgrenzen hinweg nutzbar.

3.2.3 Weiterentwicklungen der Internet-Architektur

Während im vorangegangenen Abschnitt die Grundelemente der Internet-Technik behandelt wurden, die im allgemeinen schon sehr lange feststehen, sollen in diesem Abschnitt neuere Entwicklungen betrachtet werden, die vor allem durch die Verbreitung des Web-Dienstes hervorgerufen wurden.

3.2.3.1 Einheitliche Beschreibungssprachen

Da es sich beim Web-Dienst um ein verteiltes Hypermedium handelt, müssen nicht nur die zugrunde liegenden Netzwerkprotokolle, sondern auch die Beschreibungssprachen für den Anwendungsinhalt standardisiert werden. *HTML* (Hypertext Markup Language) ist die Sprache für die Inhaltsbeschreibung von Hypertext-Dokumenten des Web-Dienstes. Sie vereint die Beschreibung von vernetzten Dokumentstrukturen und des Layout (allerdings eingeschränkt) mit der Möglichkeit, Interaktionselemente[89] und andere Informationstypen (Grafik, Audio) in Dokumente einzufügen.

HTML erlaubt die Einbindung von Skriptprogrammen auf Quelltextebene. Mit einer Skriptsprache wie *JavaScript* können Dokumente in gewissem Umfang um Programmlogik erweitert werden. Dies ermöglicht z.B. die benutzerspezifische Präsentation eines Dokuments, die Berechnung von Daten in einem HTML-Formulardokument oder die Überprüfung von Benutzereingaben.

Noch einen Schritt weiter geht *Java*, eine objektorientierte Programmiersprache, die für den Einsatz in Inter-/Intranet konzipiert wurde[90]. Es handelt sich um eine interpretierte Sprache, deren vorcompilierter Code mittels einer Verknüpfung in einem HTML-Dokument durch den Web-Client vom Web-Server übertragen wird. Nach dem Grundsatz „write once, run everywhere" erfolgt die Ausführung des portablen Codes in einer Ablaufumgebung des Web-Clients, der virtuellen Maschine. Java bietet die Möglichkeit, interaktive Anwendungen („Applets") auf sichere Weise in einer Intranet-Umgebung zu verteilen und auf heterogenen Rechnersystemen auszuführen.

89   z.B. Schaltflächen und Auswahllisten, vgl. Balzert (1996), S. 552ff.
90   vgl. Tanenbaum (1997), S. 726

3.2.3.2 Middleware

Middleware bezeichnet in verteilten Informationssystemen eine Reihe von Diensten, die –
auf einem Transportsystem aufbauend – als Bindeglied zwischen Client- und Server-Pro-
grammen fungieren[91]. Sie ist damit den oberen Schichten des OSI-Referenzmodells zuzu-
ordnen[92]. Im Gegensatz zu den einfachen Internet-Diensten führt Middleware in einem
Rechnernetz zu *Verteilungstransparenz*[93]: Die Tatsache, daß sich Programme und Daten
auf verschiedenen Rechnern befinden, wird vor den Programmen der Anwendungsschicht
und letztlich auch vor dem Benutzer verborgen[94]. Das Middleware-Konzept ist also
zunächst eine von der Internet-Technologie unabhängige Weiterentwicklung der
Client/Server-Softwarearchitektur.

Wesentliche Dienste von Middleware sind:

- Kommunikationsdienste für den Nachrichtenaustausch zwischen Rechnern und Benutzern,

- Systemdienste für die Benennung, Konfiguration und Sicherheit beteiligter Anwendungen und Dienste,

- Datenmanagement in verteilten, persistenten Datenbanken und

- ein Rahmen für verteilte Anwendungslogik, die als Softwarekomponenten[95] von verschiedenen Applikationen benutzt werden können.

Konventionelle Middleware setzt auf spezifischen Transportsystemen auf und bietet im allgemeinen keine Möglichkeit, ihre Dienste über die Grenzen des jeweiligen Transportsystems hinaus zu nutzen. Gerade diese integrierende Funktion erfüllt aber das Internet-
Transportsystem, so daß etablierte Middleware-Produkte zunehmend Internet-Technik
verwenden. Durch die Definition von offenen Schnittstellen auf TCP/IP-Grundlage wird
weiterhin versucht, Middleware-Produkte verschiedener Hersteller interoperabel zu gestalten.

Die wohl bedeutendste Middleware-Architektur[96] ist die von der OMG (Object Management Group, eine Herstellervereinigung mit dem Ziel der Definition von Standards für verteilte, objektorientierte Technologien[97]) eingeführte Referenzarchitektur. Die OMG-Platt-
form stellt mit dem Verteilungsmechanismus ORB (Object Request Broker)
Verteilungstransparenz für interagierende Softwareobjekte her. Objektdienste (Server)
stehen innerhalb dieser Architektur allen Clients zur Verfügung, die Zugang zu einem
OMG-konformen ORB[98] haben.

---

91 vgl. Tresch (1996), S. 249
92 vgl. Abbildung 3
93 Verteilungstransparenz ist das konstituierende Merkmal eines verteilten Systems und unterscheidet dieses vom Rechnernetz, vgl.
    Tanenbaum (1994), S. 472 und Scharf (1995), S. 11
94 Gerade der Web-Dienst, der einen rechnerübergreifenden Informationsraum anbietet, kann von dieser Verteilungstransparenz profi -
    tieren. Daß diese nicht selbstverständlich ist, zeigen Hinweise im Wirld Wide Web der Form „This site has moved...“
95 vgl. Scharf (1995), S. 10
96 vgl. ebenda, S. 15 und Tresch (1996), S. 251
97 vgl. http://www.omg.org
98 ein solcher ORB folgt der Definition CORBA (Common Object Recquest Broker Architecture)

Mit Hilfe des IIOP (Internet Inter-ORB-Protocol) können Object Request Broker über
Inter-/Intranet kommunizieren, wodurch weltweit verteilte Objektdienste zur Verfügung
gestellt werden können. Das Zusammenwachsen der Internet- mit der CORBA-Technolo-
gie dokumentiert sich auch in der Tatsache, daß die in der Java-Architektur favorisierte
Kommunikationsplattform mittlerweile auf CORBA basiert[99].

Der Einsatz von Java und CORBA ermöglicht die Entwicklung interaktiver, verteilter
Anwendungen, die über die Grenzen der Betriebs- und Kommunikationssysteme einsetzbar sind.

3.2.3.3 Universelles Client-Anwendungsprogramm

Beim Einsatz im Inter- und Intranet kommt dem Client-Anwendungsprogramm für den
Web-Dienst, dem *Web-Client*[100], eine besondere Bedeutung zu: So ist die Benutzungsoberfläche dieses Programms – schon durch den multimedialen Inhalt des zugrunde liegenden Dienstes – im Gegensatz zu den Client-Programmen der anderen Dienste von
vornherein grafisch orientiert, was in Verbindung mit der intuitiven Navigation in den Infor-
mationsräumen eines Hypermedia-Systems eine leichte Bedienbarkeit ermöglicht.

Bereits die ersten Web-Clients boten Zugriff auf weitere Internet-Dienste und durch die
Integration praktisch aller Dienste in heutigen Web-Clients[101] steht dem Benutzer des
Inter-/Intranet eine universelle, integrierte Benutzungsoberfläche für eine Vielzahl ver-
schiedener Netzanwendungen zur Verfügung.

Auch die virtuelle Maschine für die Ausführung von Java-Code und ein CORBA-konformer
Object Request Broker gehören mittlerweile zur Standard-Funktionalität eines Web-Clients, der somit auch zu einer einheitlichen Ablaufumgebung von Programmen wird. Derartige Programme können zum Beispiel Applikationen für das Workflow-Management
sein, wie sie in Kapitel 4.2 behandelt werden.

3.3 Anwendungsfelder und Umsetzung

Wie die Betrachtung der Grundlagen gezeigt hat, sind Intranets eine technische Plattform,
auf der eine Reihe von Basisdiensten für die Benutzung durch IV-Systeme zur Verfügung
gestellt wird. Die Bereitstellung dieser anwendungsneutralen Basisdienste allein bringt für
Unternehmen keinen Nutzen – er entsteht vielmehr erst durch die Art und den Inhalt der
Dienste, die über ein Intranet angeboten werden. Die mit einem Intranet möglichen
Anwendungstypen und deren Verhältnis bei Einführung und Betrieb stehen im Mittelpunkt
dieses Abschnitts.

---

99 vgl. Orfali u.a. (1997), S. 2
100 Die für Web-Clients gängige Bezeichnung „Browser" wird in dieser Arbeit vermieden, weil sie eine bestimmte Benutzungsform –
     eben das Browsing als ziellose Suche in einem Informationssystem – assoziiert. Vgl. hierzu Herczeg, S. 135
101 Die aktuelle Version des Web-Clients *Netscape Communicator* vereinigt zum Beispiel den Zugriff auf die Dienste HTTP, FTP, SMTP
     und verwandte Netzprotokolle, sowie NNTP.

3.3.1 Anwendungskategorien

Die technischen Dienste eines Intranets ermöglichen die Umsetzung einer Vielzahl verschiedener Anwendungstypen, die sich in einige wenige Kategorien einordnen lassen[102].

Die Benennung der Kategorien unterscheidet sich in der Literatur zwar häufig, inhaltlich kann aber ein gewisser Konsens festgestellt werden. Im folgenden sollen vier Klassen von Intranet-Anwendungen unterschieden werden[103]:

- Informationsanwendungen
- Anwendungen für die Unterstützung von informeller Zusammenarbeit
- Transaktionsanwendungen
- Anwendungen für die Unterstützung von formeller Zusammenarbeit

3.3.1.1 Informationsanwendungen

Durch Informationsanwendungen werden statische Informationen aus potentiell allen Bereichen des Unternehmens bereitgestellt. Ihr Ziel ist die Unterstützung der Mitarbeiter durch Informationen, wie sie konventionell in gedruckter Form verbreitet werden[104]. Beispiele können in den Bereichen Personal (Stellenausschreibungen, Weiterbildungsmöglichkeiten), Entwicklung (Datenblätter, Projektberichte), Geschäftsleitung (Geschäftsberichte, Richtlinien und Weisungen), Qualitätsmanagement oder auch der IV-Abteilung (Handbücher, FAQs) identifiziert werden.

Informationsanwendungen realisieren ein internes Web[105], stellen also eine Übertragung des ursprünglichen Gedankens des World Wide Web[106] auf die Unternehmensperspektive dar. Mit zunehmendem Umfang entwickeln sich Informationsanwendungen zu einem Speichermedium für das Unternehmenswissen, das allerdings von Beginn an Planung und Pflege bedarf.

3.3.1.2 Unterstützung von informeller Zusammenarbeit

Die Rechnerunterstützung der Kommunikation, Koordination und Kooperation von Mitarbeitern ist Bestandteil der interdisziplinären CSCW-Forschung. Die sich aus dieser Unterstützung ergebenden Anwendungen werden unter dem Begriff *Groupware* zusammengefaßt[107]. Heute gebräuchliche Groupware-Systeme unterstützen vor allem informelle Zusammenarbeit[108]: Die Notwendigkeit zur Abstimmung von Tätigkeiten ergibt sich hierbei im allgemeinen spontan, so daß die entstehenden Kommunikationsprozesse nicht planbar und kaum strukturierbar sind.

Groupware-Anwendungen, die im Intranet realisiert werden können, umfassen reine Kommunikationsdienste auf textueller (E-Mail), auditiver (Telefonie) und visueller (Videokonfe-

---

102 vgl. Döge (1997), S. 55ff.
103 Die Klassifikation erfolgt in Anlehnung an Ovum Research, vgl. Computer Zeitung vom 9.5.1997, S. 29.
104 z.B. als Firmenzeitung oder an Schwarzen Brettern
105 vgl. Hills (1997), S. ix
106 als Publikationsmedium für verteilte Forscherteams, vgl. Kyas (1997), S. 151
107 vgl. Hills (1997), S. 43 und Warnecke u.a. (1998), S. 25
108 Synonym wird häufig der Begriff des *Workgroup Computing* verwendet.

renz) Grundlage. Hinzu kommen Werkzeuge zur Terminplanung und Diskussionsforen, in denen sich Beteiligte zu bestimmten Themen äußern können.

3.3.1.3 Transaktionsanwendungen

Transaktionsanwendungen[109] im Intranet entstehen durch die Integration von Fachanwendungen in die Intranet-Infrastruktur. Mitarbeiter werden direkt bei der Ausführung ihrer Tätigkeiten unterstützt, indem sie auf dynamische, operative Datenbestände zugreifen können. Beispiele umfassen Systeme des Finanzwesens (Buchhaltung), der Entwicklung (Konstruktions- und Teiledaten), Produktion (Lagerverwaltung) und des Controlling (Berichtssysteme)[110]. Transaktionsdienste können auch auf der Basis von Middleware[111] realisiert werden.

3.3.1.4 Unterstützung von formeller Zusammenarbeit

Im Gegensatz zur informellen Zusammenarbeit sind die Austauschbeziehungen zwischen den Mitarbeitern bei formeller Kooperation plan- und steuerbar. Es liegt also (im Sinne der Definition in Kapitel 2.2) ein Workflow vor. Die Anwendung des Intranet für diese Art der Kooperation steht im Mittelpunkt von Kapitel 4.

3.3.2 Einführung von Intranets

In der großen Bandbreite der vorgeschlagenen Anwendungsmöglichkeiten spiegelt sich sicher die Euphorie wider, die in vielen Fällen dem Intranet als universelle Lösungsplattform für IV-Systeme entgegengebracht wird. Dabei wird häufig vergessen, daß die erfolgreiche Einführung eines Intranet davon abhängt, eine sinnvolle Kombination der einzelnen Anwendungstypen zu finden, die dem im jeweiligen Unternehmen vorhandenen Unterstützungsbedarf optimal gerecht wird.

Weiterhin sind die im vorangegangenen Abschnitt vorgestellten Anwendungsfelder keineswegs unabhängig voneinander. Einige Anwendungen basieren auf bzw. profitieren von anderen Anwendungen, so daß sich die Einführung und Erweiterung des Intranet in Unternehmen oft stufenweise vollzieht.

Abbildung 4 stellt den Zusammenhang zwischen den Intranet-Anwendungen und der häufig zu beobachtenden Reihenfolge ihrer Einführung dar.

Die Informationsanwendungen bilden die Grundlage für alle anderen Applikationstypen. Ihre erfolgreiche Einführung setzt nicht nur die Schaffung der benötigten Grund-Infrastruktur des Intranets voraus, sondern erfordert auch die Etablierung eines Intranet-Managements[112] und umfaßt Aufgaben hinsichtlich der Planung, Koordination und Kontrolle aller Intranet-Aktivitäten. Nach der Maßgabe des Intranet-Managements entsteht ein zunächst

---

109 Der Begriff *Transaktion* wird hier weiter als in der Informatik üblich gefaßt und im Sinne von *Verarbeitung* gebraucht.
110 vgl. Scheer (1995), S. 5 und S. 91f.
111 vgl. Kapitel 3.2.3.2
112 vgl. Kyas (1997), S. 83

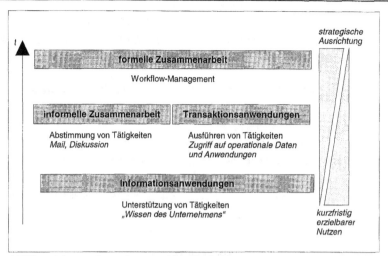

Abbildung 4: Intranet-Anwendungen und ihre Einführung

zentral verwaltetes Rumpf-Intranet, in das nach und nach weitere Funktionen integriert werden können.

In einem nächsten Schritt kann dann die Unterstützung der informellen Zusammenarbeit der Mitarbeiter erfolgen. Diese Zusammenarbeit wird durch Informationsanwendungen unterstützt, die Koordinationsprobleme (z.B. durch Sachinformation und Richtlinien) vermeiden helfen. Gleichzeitig entstehen Beiträge für die Informationsanwendungen, die die Ergebnisse der Zusammenarbeit dokumentieren (z.B. in Projektberichten).

Transaktionsanwendungen können vor[113] oder nach[114] den Groupware-Anwendungen eingeführt werden. Die durch sie unterstützten Tätigkeiten werden an geeigneter Stelle in den vom Intranet-Management vorgegebenen Rahmen eingebunden. Durch die Transaktionsanwendungen werden die statischen, in Dokumenten hinterlegten Informationen um strukturierte, aktuelle Daten aus den operativen Systemen ergänzt[115].

Erst an zeitlich letzter Stelle stehen die in dieser Arbeit zentralen Anwendungen zur Unterstützung formeller Zusammenarbeit. Sie benötigen zum einen die Kommunikationsmechanismen der Groupware zur Klärung unvorhergesehener Umstände in Workflows (Exception Handling)[116] und erfordern zum anderen für die Erfüllung der Aufgaben Zugriff auf die in Transaktionsanwendungen angebotenen operativen Systeme (im Sinne von Workflow Applications[117]).

Kennzeichnend für die früh einzuführenden Dienste ist eine sehr kurze Amortisationszeit von oft nur wenigen Wochen[118], was auf geringe Anfangsinvestitionen einerseits und kurzfristig zu erzielenden Nutzen andererseits hinweist.

113 vgl. ebenda, S. 82 und Lackes (1998), S. 59
114 vgl. Wolff (1997), S. 16 und Warnecke u.a. (1998), S. 27
115 vgl. Casselberry (1997), S. 423
116 vgl. Clauss u.a. (1997), S. 38
117 vgl. Kapitel 2.4.5.1
118 vgl. SAP (1998b), S. 1 und Zlabinger (1997), S. 162

Im Gegenzug wird durch die Einbindung der Transaktionsanwendungen und der formellen Zusammenarbeit das Intranet viel stärker und direkter in die Wertschöpfungskette integriert, dem dadurch eine starke Bedeutung als strategische IV-Plattform zukommt[119].

3.4 Intranet als Teil betrieblicher Informationssysteme

3.4.1 Ziele betrieblicher Informations- und Kommunikationssysteme

Informations- und Kommunikationssysteme, die Unternehmen bei der Erfüllung der zunehmend komplexeren betrieblichen Aufgaben in einem sich ändernden ökonomischen Umfeld unterstützen, sollen Mitarbeitern alle Informationen, die sie für die flexible und effiziente Aufgabenerfüllung benötigen, in geeigneter Form bereitstellen. Ziele derartiger unternehmensweiter Systeme sind daher[120]:

- schnelle und einfache Kommunikation zwischen Mitarbeitern
- Erschließung von verteilten Informationsquellen
- Aktivierung des fachlichen und organisatorischen Wissens der Mitarbeiter für die Unternehmenszwecke
- Ermöglichung einer kooperativen Aufgabenteilung durch räumlich u.U. weit entfernte Mitarbeiter
- Förderung des Prozesses des organisatorischen Lernens

Aus Benutzersicht stellt ein solches System eine umfassende IV-technische Abbildung aller unternehmensrelevanter Informationen dar[121].

3.4.2 Nutzenpotentiale des Intranet-Einsatzes

Die Unterschiede der Anwendungsfelder für Intranets erschweren Aussagen über den konkret zu erwartenden Nutzen bei ihrer Einführung. Dieser kann letztlich nur durch die Betrachtung einer spezifischen Unternehmenssituation und der beabsichtigten Anwendungen ermittelt werden. Aus diesem Grund sollen hier die verschiedenen Nutzenquellen aufgeschlüsselt werden, aus denen sich im konkreten Fall Nutzeneffekte ergeben können.

Die Nutzenpotentiale des Intranet eröffnen sich zum einen aus den originären Eigenschaften der zugrunde liegenden Technologie, zum anderen entstehen sie aus den Anwendungsfeldern, die sich mit Intranets realisieren lassen.

3.4.2.1 Nutzenaspekte der Intranet-Technik

Der Einsatz eines Intranets kann für Unternehmen aus folgenden technischen Gründen nutzenstiftend wirken:

---

119 vgl. Kyas (1997), S. 51
120 vgl. Wolff (1997), S. 16
121 vgl. Kyas (1997), S. 51

Nutzen durch konsequente Client/Server-Architektur

- Durch den Einsatz von Daten- und Applikationsservern kann eine nicht-redundante Speicherung von Information bei gleichzeitiger Dezentralisierung der Systeme erfolgen. Dadurch wird eine Divergenz von Versionsständen bei Daten und Programmen vermieden und das Management der IV-Systeme erleichtert.

- Dienste können aufgrund der guten Skalierbarkeit der Intranet-Technik auf Hardware unterschiedlicher Leistungsfähigkeit eingesetzt werden[122] (bis hin zum Betrieb auf klassischen Großrechnern). Dies sichert zum einen die effiziente Nutzung der technischen Ressourcen, zum anderen die Erweiterbarkeit der Intranet-Anwendungen[123].

- Für den Intranet-Zugriff genügt oftmals ein Web-Client, die Installation weiterer Programme ist nicht notwendig. Die Benutzung des Intranets kann daher über einfache, billige Netzarbeitsplätze erfolgen, deren Anschaffungs- und Betriebskosten deutlich unter denen von PCs liegen[124].

Nutzen durch einheitliche Benutzungsoberfläche

- Der Web-Client bietet im Idealfall einen einheitlichen Zugang zu allen Informations- und Kommunikationssystemen. Der kognitive Aufwand, der für den Benutzer durch den Wechsel zwischen Anwendungskontexten entsteht, wird deutlich reduziert, wodurch eine effizientere Aufgabenerfüllung ermöglicht wird[125].

- Die Verwendung einer für alle Anwendungssysteme gleichen Rahmenapplikation in Form des Web-Clients vereinheitlicht die Bedienung und verringert den Lern- und Schulungsaufwand für Benutzer[126].

- Durch eine zentrale Verwaltung des Benutzerkontexts kann trotz der einheitlichen Präsentationsoberfläche eine individuelle Darstellung der Informationen erfolgen. Mit Hilfe von Voreinstellung und Filterung (z.B. in Form von Benutzerprofilen[127]) kann die sichtbare Komplexität von Anwendungssystemen und damit der Aufwand für die Suche nach relevanter Information reduziert werden.

Nutzen durch offene, standardisierte Protokolle

- Das Transportsystem TCP/IP führt zur Aufhebung der Trennung von lokalen (LAN) und Weitverkehrsnetzen (WAN). Dies ermöglicht eine nahtlose Unterstützung weit verteilter Teams und den Zugriff auf Informationen des Internet.

- Die Verfügbarkeit der Inter-/Intranet-Technik auf praktisch allen Rechner- und Betriebssystemplattformen erleichtert den Betrieb von Intranet-Komponenten auf bestehender Hardware (Investitionsschutz).

---

122 vgl. Knut (1997), S. 22
123 vgl. Casselberry (1997), S. 53
124 vgl. Wolff (1997), S. 18 und McGuiness (1998) , S. 65
125 vgl. Herczeg (1994), S. 150
126 vgl. Casselberry (1997), S. 54
127 vgl. Kapitel 5.2.4.1

- Durch die Offenheit und Interoperabilität der Inter-/Intranet-Technik kann die Abhängigkeit von einzelnen Herstellern reduziert werden[128]. Dies ermöglicht eine größere Flexibilität bei der Auswahl von Hard- und Software und kann zu kostengünstigeren und besser an die Unternehmensanforderungen angepaßten Lösungen führen.

- Durch den Verzicht auf heterogene Netzwerkprotokolle kann (zumindest langfristig) die Komplexität der IV-Infrastruktur reduziert werden[129]. Das einfachere Systemmanagement in einer solchen Umgebung führt zu Kostensenkungen.

3.4.2.2 Nutzenaspekte der Intranet-Anwendungen

Die auf Intranet-Basis möglichen Anwendungen können aufgrund folgender Punkte Nutzen bringen:

Nutzen durch integrierte Informationsflüsse

- Intranet-Anwendungen können aktuelle Informationen schnell bereitstellen[130]. Dies ist auch weltweit unter Benutzung bestehender Telekommunikations-Infrastruktur möglich. Die Produktivität und die Qualität der Entscheidungen von Mitarbeitern kann durch die hohe Informationsverfügbarkeit verbessert werden.

- Die Informationsflüsse erreichen potentiell jeden Punkt im Unternehmen. Ändern sich die Informationsbedarfe in Teilen des Unternehmens, läßt sich dies mit geringem Aufwand berücksichtigen und eine flexible Reaktion auf Änderungen realisieren[131].

- Durch die Einbindung herkömmlicher Informationsträger wie Papier, Sprach- oder Faxnachrichten in das Intranet werden Medienbrüche vermieden[132]. Der einheitliche Zugriff auf Information kann die Effizienz der Aufgabenerfüllung erhöhen.

Nutzen durch Wandel der Unternehmenskultur

- Groupware-Anwendungen fördern die Arbeit in Gruppen. Die Aufweichung funktionaler organisatorischer Grenzen kann durch die Erleichterung der Kooperation mit Hilfe dieser Anwendungen unterstützt werden.

- Eine breite Versorgung mit Informationen erhöht für die Mitarbeiter die Transparenz des Unternehmens. Sie ist Grundlage einer offenen, auf Informationsaustausch basierenden „Kultur des Zusammenarbeitens"[133] und wirkt letztlich motivationsfördernd.

- Wenn Partner eines Unternehmens über Extra-/Internet auf für sie relevante Unternehmensdaten zugreifen können, trägt dies zur Kundenzufriedenheit bei und dient der Verbesserung der Marktstellung des Unternehmens[134].

128 vgl. Knut (1997), S. 23
129 vgl. Kyas (1997), S. 59
130 vgl. Wolff (1997), S. 15
131 vgl. Kyas (1997), S. 63
132 vgl. ebenda, S. 64 und Lackes (1998), S. 56
133 vgl. Hills (1997), S. 37 und Wolff (1997), S. 17
134 vgl. Hills (1997), S. 29

Prozeßnutzen

- Die Workflow-Unterstützung im Intranet kann auf einer durchgängigen Abbildung der Prozesse über alle Systemgrenzen basieren. Auf die einzelnen Aspekte der Workflow-Unterstützung wird in Kapitel 4.1 eingegangen.

- Einige Prozesse werden durch Intranet-Anwendungen überhaupt erst ermöglicht: Unternehmen können die Implementierung von weit verteilten Prozessen vorantreiben (und beispielsweise Telearbeit[135] oder Global Sourcing[136] einsetzen) oder neue Geschäftsbereiche bzw. Vertriebswege[137] mit Electronic-Commerce-Lösungen erschließen.

3.5 Fazit

Wenngleich die Begeisterung für die Anwendbarkeit der Internet-Technologie in Unternehmen nicht ohne eine gegenüber Modevokabeln angebrachte Skepsis geteilt werden sollte, so kann sich das Intranet aufgrund seiner technischen Eigenschaften und den möglichen Anwendungen durchaus in Zukunft zu einem sehr wichtigen Bestandteil der Unternehmens-IV entwickeln. Dabei muß im Intranet nicht nur ein Element der technischen Infrastruktur gesehen werden, sondern auch – als Plattform für unternehmenskritische Anwendungen – ein Mittel, das langfristig wesentlichen Einfluß auf den Unternehmenserfolg haben kann.

---

135 vgl. ebenda, S. 288
136 vgl. Österle (1995), S. 2
137 vgl. Wolff (1997), S. 10

4. Workflow-Management als Intranet-Anwendung

Mit dem Einsatz der Internet-Technologie für die Unterstützung der im Rahmen des Prozeßmanagements anfallenden Aufgaben werden große Erwartungen verbunden: Für manche Autoren[138] steht der durch den Einsatz eines Intranets eintretende Nutzen für die Geschäftsprozesse sogar im Mittelpunkt ihrer Argumentation für die Verwendung dieser Technologie in Unternehmen.

Im Rahmen dieses Kapitels wird verdeutlicht, daß die Nutzung des Intranets auf allen Einsatzebenen des Workflow-Managements möglich ist und daher sowohl unter den Gesichtspunkten der strategisch-administrativen Ebene als auch der operativen Steuerung von Workflows erfolgen kann. Während der erste Aspekt insbesondere bei der in den Folgekapiteln untersuchten Unterstützung der Prozeßanalyse hervorgehoben wird, soll die vor allem auf den operativen Einsatz abzielende Gestaltung von Workflow-Management-Systemen in Kapitel 4.2 näher beleuchtet werden.

4.1 Intranet als Integrationsplattform

4.1.1 Bedeutung der Integration für IV-Systeme

Eine zentrale Herausforderung bei der Gestaltung von Informations- und Kommunikationssystemen ist der Aspekt der *Integration*. Sie besteht in einer „Herstellung oder Wiederherstellung eines Ganzen durch Vereinigen oder Verbinden logisch zusammengehöriger Teile"[139]. Viele Probleme von IV-Systemen entstehen durch mangelnde Integration – sowohl auf der Ebene technischer Systemteile als auch beim Zusammenspiel des IV-Systems mit seiner Umwelt. Die Gestaltung integrierter Informationssysteme ist daher zu einer zentralen Aufgabe der Systementwicklung geworden.

Viele Probleme, die die IV-Unterstützung des Prozeß- und Workflow-Managements behindern und in Kapitel 2.4.6 dargestellt wurden, sind Integrationsprobleme. Auf der anderen Seite beruht ein Großteil der in Kapitel 3.4.2 dargestellten Nutzenpotentiale des Intranet auf Integrationseffekten.

Unter dem Gesichtspunkt der Integration eröffnet daher das Intranet in zweierlei Hinsicht neue Möglichkeiten für das Workflow-Management:

> **Technische Integration.** Als universelle, auf offenen Standards basierende Plattform für Client/Server-Anwendungen können mit Intranet-Technik praktisch alle in einem Unternehmen existierenden IV-Systeme unter einem gemeinsamen Transportsystem verbunden werden. Auf dieser Basis können WFMS realisiert werden, die sich gut in eine heterogene IV-Infrastruktur eingliedern lassen.

> **Integration durch Anwendungsdienste.** In Kapitel 3.3 wurden die in einem Intranet möglichen Anwendungskategorien vorgestellt. Die Unterstützung formeller Zusam-

138 vgl. Kyas (1997), S. 51
139 Heinrich/Rolthmayr (1992), S. 271

menarbeit bildete dabei die komplexeste Anwendungsform, die auf den anderen Internet-Anwendungen aufbaut. Sie kann daher im Rahmen des Workflow-Management durch das Zusammenspiel der verschiedenen Intranet-Anwendungen unter Verwendung aller Intranet-Dienste realisiert werden. Eine Schlüsselrolle kommt dem Web-Dienst zu, der die einzelnen Anwendungen unter der Oberfläche des Web-Clients verknüpft. Mit einem Workflow-Management-System, das in dieser Form im Intranet realisiert wird, läßt sich eine Vielzahl der im Rahmen des Workflow-Management-Zyklus auftretenden Aufgaben abdecken.

Das Intranet kann daher durch die Vielzahl der integrierbaren Anwendungen unter einer einheitlichen Oberfläche zur Lösung der organisatorischen Probleme[140] konventioneller WFMS beisteuern.

Aus beiden Integrationsaspekten wurden in Kapitel 3.4.2 die Nutzenpotentiale des Intranet abgeleitet. Im Mittelpunkt dieses Abschnitts steht die Untersuchung, wie das auf Integration beruhende Nutzenpotential des Intranet im Rahmen des Workflow-Management erschlossen werden kann und wie die Implementierung von WFMS auf der Grundlage des Intranet zur Lösung der Probleme dieser Systeme beiträgt.

4.1.2 Integrationsmodell

Die Darstellung der Integrationspotentiale des Intranets und der Art und Weise ihrer Nutzung durch Anwendungen des Workflow-Managements kann mit Hilfe eines Integrationsmodells erfolgen, das ursprünglich in einem anderen Zusammenhang eingeführt wurde: Unter den Dimensionen Workflow-Management-Zyklus, Workflow-Management-Reichweite und Ressourcenintegration erläutert Heilmann[141], wie ein ganzheitlich verstandenes Prozeßmanagement selbst zur Integration der Informationsverarbeitung beitragen kann. Abbildung 5 verdeutlicht dieses Integrationsmodell und benennt für jede der Dimensionen wichtige Aspekte.

Die Maßnahmen, die im Zuge des Prozeßmanagements ergriffen werden, können die Integration der IV eines Unternehmens in jeder der drei Dimensionen vorantreiben. Um eine optimale Unterstützung der Prozesse zu erhalten, besteht ein Ziel des Prozeßmanagements in der Etablierung einer hochgradig integrierten IV.

---

140 vgl. Kapitel 2.4.6
141 vgl. Heilmann (1996), S. 147

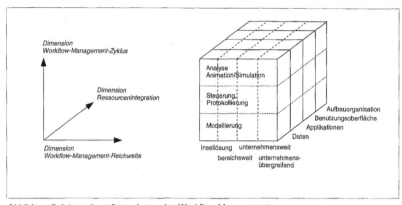

Abbildung 5: Integrationsdimensionen des Workflow-Management

Dieses Optimum stellt sich entlang der drei definierten Dimensionen wie folgt dar:

Workflow-Management-Zyklus: Die Berücksichtigung aller Phasen des Workflow-Management-Zyklus und ihrer Zusammenhänge[142] führt zu einem durchgängigen Prozeßmanagement, das den verschiedenen Aspekten der Prozeßorientierung gerecht wird. Informationen, die aus einer Phase (z.B. Modellierung, Protokollierung) hervorgehen, können in anderen Phasen (Analyse) und auch auf anderen Betrachtungsebenen[143] genutzt werden. Das Prozeßmanagement wird daher auf ein IV-System Wert legen, das die geforderten Informationsflüsse abbilden kann.

Workflow-Management-Reichweite: Ziel des Prozeßmanagements ist nicht die Fokussierung auf einzelne Teilprozesse, sondern eine ganzheitliche Betrachtung des Unternehmens aus einer prozeßorientierten Perspektive. Je ernsthafter das Prozeßmanagement betrieben wird, desto größer wird daher seine Reichweite sein und im Extremfall sogar die Unternehmensgrenzen überschreiten. Ein IV-System muß dies nicht nur durch eine gute Skalierbarkeit, sondern auch durch eine hohe Flexibilität hinsichtlich der unterstützbaren Prozesse ermöglichen.

Ressourcenintegration: Die operative Ausführung von Workflows erfordert es, daß alle dafür notwendigen Daten und Programmfunktionen für die Aufgabenträger erreichbar sind. Eine integrierte Benutzungsschnittstelle erleichtert dabei die Ausführung. Die Einbindung aufbauorganisatorischer Beziehungen und Regelungen (z.B. Rollenzuordnung, Vertretungsrechte) trägt der Verflechtung von Aufbau- und Ablauforganisation Rechnung und erhöht die Flexibilität des Systems.

Ein Unternehmen, das eine weitreichende IV-technische Umsetzung der Gedanken des Prozeßmanagements beabsichtigt, wird daher bei der Auswahl der einzusetzenden Informations- und Kommunikationstechnologie zwangsläufig deren Integrationspotential in besonderem Maße untersuchen müssen.

---

142 vgl. Kapitel 2.3
143 Indem z.B. die auf operativer Ebene gesammelten Protokolldaten in verdichteter Form zur Entscheidungsfindung auf strategischer Ebene herangezogen werden.

Da gerade die Intranet-Technik – wie in Kapitel 3 dargestellt – in hohem Maße über dieses Integrationspotential verfügt, bietet sie eine gute Ausgangslage für die Realisierung eines umfassenden IV-Systems zur Unterstützung des Prozeßmanagements.

Zur Unterstreichung dieser Einschätzung soll nun anhand der eingeführten Integrationsdimensionen aufgezeigt werden, welche Konzepte und Eigenschaften des Intranets den jeweiligen Integrationsaspekt unterstützen können.

4.1.3 Integrationsdimensionen des Intranet

4.1.3.1 Dimension Workflow-Management-Zyklus

Der im Workflow-Management-Zyklus ausgedrückten ganzheitlichen Sicht auf die Aufgaben des Prozeßmanagements kann der Einsatz von Intranet-Technik folgendermaßen gerecht werden:

Unterstützung der Phasen und Ebenen des Workflow-Managements

Auch auf der Basis der Internet-Technik können Werkzeuge implementiert werden, die für den Einsatz in bestimmten Phasen des Workflow-Management-Zyklus geeignet sind. Modellierungs-, Analyse- und Steuerungstools (Verwaltung der Arbeitsliste[144]) können die Intranet-Technik in unterschiedlicher Form verwenden: Sie werden direkt im Intranet realisiert (als Dienst auf HTML-Basis oder als Java-Applet[145]) oder bestehen aus Programmen, die über Import/Export-Schnittstellen Anschluß an die Internet-Technik finden[146]. Die Werkzeuge der ersten Kategorie können dabei unter einer allen Intranet-Anwendungen gemeinsamen Oberfläche integriert werden (Web-Client). Für kommerzielle WFMS werden solche „Front-End"-Werkzeuge zunehmend angeboten[147].

Durch die konsequente Client/Server-Architektur der Intranet-Anwendungen[148] können – im Gegensatz zu lokalen PC-Installationen – die Anforderungen und Wünsche der unterschiedlichen Benutzer in Benutzerprofilen auf den Servern abgelegt werden. Ein Programm kann dann (profilgesteuert) für die verschiedenen Benutzer Informationen in unterschiedlicher Form und Umfang darstellen. Durch die Unterdrückung unerwünschter Funktionalität werden Ablenkungen von der Aufgabenausführung vermieden und der Suchaufwand nach Informationen reduziert. Dem Einsatz auf den verschiedenen Ebenen des Workflow-Managements (strategisch, administrativ, operativ) kann eine derartige Implementierung (z.B. durch Filterung und Verdichtung von Informationen) ebenfalls gerecht werden.

---

144 vgl. Mohan (1998), S. 7
145 vgl. Kapitel 3.2
146 Das Modellierungswerkzeug *IBM Business Process Modeler* bietet beispielsweise die Möglichkeit, Prozeßmodelle in grafischer und textueller Form im Intranet zu publizieren.
147 Das Produkt *Staffware Global* bietet z.B. eine Java-basierte Workflow-Client-Anwendung für die Verwaltung der Arbeitsliste, Vorgangsverfolgung und eigentliche Aufgabenausführung. Vgl. Mohan (1998), S. 7
148 vgl. Kapitel 3.3

Integration der Informationsflüsse zwischen den Phasen des Workflow-Management-Zyklus

Zwischen den Phasen des Workflow-Management-Zyklus bestehen Informationsflüsse unterschiedlicher Form: Beispiele sind Modelldaten, Nachrichten über anstehende Aufgaben oder Protokolldaten. Die Intranet-Technik integriert diese Informationsflüsse, indem sie mit den Formaten und Mechanismen der im Intranet eingesetzten Dienste und Anwendungen umgesetzt werden. Benutzer können die gewohnten Anwendungen des Intranet in den verschiedenen Phasen und für den Informationsaustausch zwischen den Phasen einsetzen. Einige Beispiele:

Modellierung: Transaktionsanwendungen machen Daten aus der Protokollierungsphase oder Analysephase verfügbar und leisten dadurch einen Beitrag zur Modellierung verbesserter Prozesse.

Analyse: Über Transaktionsanwendungen können Simulationswerkzeuge ebenfalls auf Protokoll- oder Konfigurationsdaten der operativen Anwendungen zugreifen und im Rahmen der Simulationsläufe berücksichtigen. Regelmäßige Berichte oder Ausnahmemeldungen lassen sich automatisch über E-Mail an verantwortliche Stellen übermitteln. Da die Optimierung von Prozessen häufig von einer Gruppe durchgeführt wird, kann sie durch Groupware-Dienste (z.B. Diskussionsforen) unterstützt werden.

Steuerung: Angestrebt wird auch in dieser Phase ein System, das dem Benutzer alle für seine Tätigkeit notwendigen Informationen „aus einer Hand"[149] liefert. Dieser benötigt nicht nur die eigentlichen Parameter für die Aufgabenerfüllung (z.B. Kunden- oder Artikeldaten aus den operativen Systemen), sondern unter Umständen auch Daten aus dem Kontext des anstehenden Prozeßexemplars. In Intranet-Informationsanwendungen können solche Informationen abgelegt werden (z.B. Erläuterungen zum Prozeßmodell, Referenzdokumente). Durch die Dokumentation von Zusammenhängen innerhalb oder zwischen Prozessen kann die Arbeitssituation für Benutzer transparenter gestaltet und ihre Ausrichtung auf die Prozesse gefördert werden[150]. Groupware-Anwendungen unterstützen bei der Aufgabenerfüllung (indem sie z.B. durch E-Mail schnelle Rückfragen ermöglichen).

Protokollierung: Protokolldaten können – auch in kommentierter Form – in die Informationsbasis des Unternehmens übernommen werden und so z.B. der Leistungsdokumentation von Unternehmensbereichen dienen. Auch Daten aus den Mail- und Diskussionsanwendungen finden Eingang in die Protokollierung: Entsteht z.B. zu einer bestimmten Aktivität verstärkter Diskussionsbedarf, kann diese Tatsache protokolliert, analysiert und verantwortlichen Mitarbeitern mitgeteilt werden, die dann korrigierende Maßnahmen (z.B. durch die Anpassung des Prozeßmodells) einleiten.

149 vgl. Österle (1995), S. 146
150 vgl. Hammer (1995), S. 210

Werden die geschilderten Anwendungen mit konventionellen Systemen (Mail/Groupware, Dokumenten-Management-Systeme, Datenbankanwendungen) realisiert, muß ein WFMS die unterschiedlichen Schnittstellen, Formate und Anwendungsprotokolle dieser Systeme unterstützen. Die Vereinheitlichung dieser technischen Aspekte wird durch die integrierende Funktion der Internet-Dienste und Protokolle vorangetrieben, was sich auch in der zunehmenden Öffnung der genannten Systeme in Richtung der Internet-Standards zeigt.

4.1.3.2 Dimension Workflow-Management-Reichweite

Dem Wunsch nach einer Unterstützung des Prozeßmanagements mit einer möglichst großen Reichweite wird das Intranet in verschiedener Hinsicht gerecht:

Skalierbare Technik

Die transparente Integration von lokalen und Weitverkehrs-Netzen durch das TCP/IP-Transportsystem verhindert eine technische Zersplitterung in isolierte Einzellösungen für Workflow-Management. Auch wenn diese Lösungen zuerst z.b. auf Bereichsebene eingeführt werden, bietet sich die Intranet-Technik durch ihre gute Skalierbarkeit von vornherein an, um späteren Prozeßerweiterungen und -verflechtungen zu berücksichtigen.

Die „natürliche" Reichweite des Intranet erstreckt sich daher auf das ganze Unternehmen. Mit dem Intranet etabliert sich in Form des Web-Clients zudem eine unternehmensweit verfügbare Benutzungsoberfläche für das Workflow-Management: Die sonst bei Prozeß-änderungen unter Umständen notwendige Installation von Client-Programmen auf den betroffenen Arbeitsplätzen kann entfallen. Dem Unternehmen ermöglicht dies eine flexible und kurzfristig durchführbare Anpassung der Prozesse. Ist z.B. aufgrund eines rapiden Nachfrageschubs die Auftragsabwicklung eines Unternehmens überlastet, können weitere Mitarbeiter für diese Aufgabe abgeordnet werden. Da das Intranet für eine standortüber-greifende Vernetzung sorgt, ist es auch möglich, daß diese Mitarbeiter räumlich weit verteilt sind.

Die breite Akzeptanz der Internet-Standards gestattet eine kostengünstige Realisierung der standortübergreifenden Kommunikation in Form virtueller privater Netze (ein öffentliches Netz verbindet dabei die Unternehmensteile)[151]. Durch den Einsatz der Intranet-Dienste (z.B. Groupware) können im Exytremfall weltweit verteilte Gruppen- und Teamprozesse abgebildet werden.

Für die unternehmensübergreifende Integration bietet sich die Internet-Technik aufgrund der geschilderten technischen Vorteile ebenfalls an. Unter dem in diesem Zusammenhang gebräuchlichen Begriff des *Electronic Commerce* werden alle Geschäftstätigkeiten zusammengefaßt, die über Datenkommunikationsnetze abgewickelt werden[152]. Dies umfaßt nicht nur die eigentliche geschäftliche Transaktion, sondern auch die vor- bzw. nachgela-

151 vgl. Knut (1997), S. 281
152 vgl. Alpar/Pickerodt (1998), S. 34

gerten Phasen, für die sich eine Nutzung der Internet-Dienste anbietet (z.B. für Produktka-
taloge, Bestellungen per E-Mail oder die Abfrage von Lagerbeständen). Die Öffnung des
Intranet in Richtung Extranet und Internet ermöglicht die durchgängige, ohne Medienbrüche stattfindende, Verwendung dieser Informationen sowohl innerhalb als auch außerhalb
des Unternehmens.

Datenströme, die etablierte Austauschprotokolle wie EDI (Electronic Data Interchange)
verwenden, können das Internet-Transportsystem nutzen und durch die Einbindung der
operativen Systeme in das Intranet nahtlos integriert werden. Als Beispiel eines derartigen
unternehmensübergreifenden Workflows soll eine automatisierte Bestellabwicklung für
Verbrauchsmaterial dienen: Bei Unterschreitung eines Lagerbestandes kann über eine
solche Schnittstelle direkt ein Bestell-Workflow innerhalb des IV-Systems des Lieferanten
ausgelöst werden. Auch kleine und regional orientierte Unternehmen können von einer
derartigen Zusammenarbeit profitieren[153].

Integrierte Sicherheitskonzepte

Die Internet-Technologie bietet in zunehmendem Maße Sicherheitsfunktionen, die gerade
bei der Verwendung öffentlicher Netze für unternehmensweite oder -übergreifende Prozesse unabdingbar sind (Verschlüsselung, Authentifikation). Für den Zugriff auf die
eigentlichen operativen Systeme werden auch über das Intranet die in den jeweiligen
Anwendungen realisierten Sicherheitsmechanismen angewandt, wodurch eine konsistente
Handhabung von Sicherheitsrichtlinien ermöglicht wird.

Intranets ermöglichen prozeßabhängige Unterstützungsformen

Die Schwächen konventioneller WFMS bei der Unterstützung von Prozessen unterschiedlichen Typs (z.B. Ad-hoc-Workflows) werden in Intranet-basierten Systemen dadurch vermieden, daß Prozesse sich durch die integrierte Verwendung der Intranet-Dienste in verschiedener Form unterstützen lassen. Dadurch wird die Reichweite von Prozessen erhöht:
Ein nicht vollständig strukturierter Prozeß kann nur in Teilbereichen von einer Vorgangssteuerung umgesetzt werden; wenig strukturierte Phasen lassen sich aber mit Hilfe weiterer Intranet-Dienste unterstützen. Workflow-Management auf Intranet-Basis kann daher
alle in Kapitel 2.4.3 eingeführten Unterstützungsformen für die Aufgabenbewältigung
anbieten:

- *Unterstützung durch Information* mit Hilfe von Intranet-Informationsdiensten (Kontextin-
  formationen über Prozesse, statische Berichte über Prozeßdaten)

- *Unterstützung durch Überwachung:* Über E-Mail kann z.B. auf die Überschreitung von
  Terminen hingewiesen werden

  - *Unterstützung durch Steuerung und Kontrolle* erfolgt mit einem Vorgangssteuerungssy-
    stem unter Verwendung der Intranet-Transaktionsanwendungen

---
153 vgl. Pils/Zlabinger (1997), S. 112

- *Unterstützung durch Assistenz und Planung* kann unter Zuhilfenahme von Groupware-Funktionalität (Gruppen-Terminplan, Mail) oder assistierenden Transaktionsanwendungen erfolgen[154].

Natürlich werden auch konventionelle WFMS zunehmend um Unterstützungsmöglichkeiten für Ad-hoc-Workflows erweitert, eine bessere Unterstützung ergibt sich aber aus der Zusammenarbeit von WFMS mit Groupware-Systemen[155]. Da aber letztere zunehmend Intranet-Technik verwenden[156], bietet sich die Integration der genannten Systeme auf dieser Plattform an.

4.1.3.3 Dimension Ressourcenintegration

Ein wichtiges Ziel der Integration ist die Reduktion von Medienbrüchen. Für ein durchgängiges Prozeßmanagement ist dies unabdingbar; die notwendige Integration der an einem Prozeß beteiligten technischen Ressourcen ist daher eine Grundanforderung an die Architektur eines WFMS[157].

Ein Intranet unterstützt die Ressourcenintegration in doppelter Hinsicht: Zum einen ermöglicht es den Informationsaustausch zwischen heterogenen Systemen, zum anderen vereinigt es die Dienste dieser Systeme in einer gemeinsamen, auf Standards beruhenden Informations-Infrastruktur.

Daten

Die Datenintegration ist die Basis für abteilungs- und unternehmensübergreifende Prozesse[158], denn nur durch den Zugriff auf alle erforderlichen Daten kann eine durchgängige IV-technische Unterstützung eines Prozesses erfolgen. Die im Prozeßverlauf verwendeten Daten lassen sich grob unterscheiden[159]:

- strukturierte Daten: Diese Daten sind typisiert (z.B. als Ganzzahl) und unter Verwendung von Metadaten (Datenschema, das z.B. eine Zahl als Kundennummer klassifiziert) typischerweise in einer Datenbank gespeichert.
- unstrukturierte Daten: Diese Daten liegen als Dokumente in elektronischer oder nichtelektronischer Form vor. Innerhalb ihres Dokumentenformats sind für ein IV-System keine weiteren Strukturen erkennbar, wohl aber für menschliche Bearbeiter (z.B. die Kundenanschrift auf einem handgeschriebenen Auftrag).

WFMS integrieren idealerweise diese beiden Datenarten[160].

Die Integration strukturierter Daten erfolgt auf technischer Seite durch die Verwendung von Datenbank-Schnittstellen. Das Intranet kann die Anbindung eines Datenbank-Servers zum einen dadurch erleichtern, daß es als reines Transportmittel für den Datenaustausch über eine beliebige Schnittstelle (z.B. ODBC) dient; darüber hinaus zeichnen sich erste

---

154 Für diesen Zweck kann z.B. ein Intranet-basiertes Analyswertkzeug wie der *Business Process Analyst* eingesetzt werden.
155 vgl. hierzu auch die Untersuchungen im Rahmen des Software-Labors in: Clauss u.a. (1997), S. 71
156 vgl. Hills (1997), S. 95
157 vgl. Bertram (1996), S. 49
158 vgl. Österle (1995), S. 6
159 vgl. ebenda, S. 146 und Bach u.a. (1998)
160 vgl. Mertens u.a. (1994), S. 45

Bemühungen für die Etablierung originärer Internet-Schnittstellen ab (z.B. die Java-Schnittstelle JDBC).

Unformatierte Daten in Dokumenten sind wichtige Informationsträger, bei denen ein großes Problem in der Wahl eines geeigneten Dokumentformats besteht. Das Intranet bietet sich hier durch die konsequente Verwendung eines einheitlichen Dokumentformats (HTML) an. Intranet-Dokumente sind von Grund auf portabel, und mit jedem Web-Client betracht- und bearbeitbar. Die Probleme bei der Verwendung anwendungsspezifischer Formate (Nichtlesbarkeit, Notwendigkeit von Konvertierung) entfallen.

HTML ermöglicht außerdem Verbunddokumente, in denen zusammengehörende, multimediale Daten abgelegt werden können (z.b. durch die Integration von Faxen oder gescannten Belegen).

Applikationen

Die Integration aller zur Erfüllung einer Aufgabe nötiger Applikationen ist ein Kerngedanke des WFMS-Ansatzes[161]. Eine große Herausforderung stellt dabei die Einbindung von Programmen dar, die ursprünglich nicht für den Einsatz mit einem WFMS konzipiert wurden. Auch hier verfügt die Internet-Technik über Integrationspotentiale.

Grundsätzlich lassen sich drei Ansätze unterscheiden, wie Anwendungsprogramme in ein Intranet integriert werden können[162]:

· Anbindung über ein Gateway: Anwendungen werden im Intranet als dynamisch erzeugte HTML-Dokumente verfügbar gemacht. Für umfangreiche operative Systeme kann auf diese Weise ein ganz spezifischer Teil ihrer Funktionalität für die Benutzung im Intranet geöffnet werden, ohne daß eine Client-Anwendung auf den Arbeitsplatzrechnern installiert werden muß. Beispielsweise kann die Maske eines Reisekostenabrechnungsvorgangs von jedem Mitarbeiter in einem Web-Client ausgefüllt werden, die Daten werden direkt in das Personalmodul einer Standardanwendungssoftware übernommen und der eigentliche Bearbeitungsvorgang wird innerhalb des operativen Systems angestoßen.

Die Einbindung der Programmfunktionalität in die Informations-Infrastruktur des Intranet erfolgt in Form eines einfachen Verweises.

· Plattformunabhängige Anwendungen in Gestalt von Java-Applets können plattformspezifische Front-Ends für Client/Server-Applikationen ersetzen. Diese sind auf jedem Java-fähigen Web-Client lauffähig und erfordern keine lokale Installation und Wartung. Für die Hersteller solcher Werkzeuge reduziert sich der Entwicklungsaufwand, da nicht für jede Betriebsplattform ein eigenes Front-End implementiert werden muß[163].

161 vgl. Leymann/Roller (1997), S. 3
162 vgl. Kapitel 4.2
163 Zu beobachten ist dieser Trend z.B. bei der Groupware Lotus Notes: Mit dem Vordringen der Internet-Technik in diesem Produkt wird das Client-Programm auf Plattformen mit geringer Marktbedeutung durch eine Reihe Java-Applets ersetzt.

- Neben der Integration bestehender Lösungen fördert das Intranet auch die Entwicklung neuer, auf die Verwendung in WFMS vorbereiteter Anwendungstypen[164]. Die Entwicklung komponentenbasierter Applikationen, die zur Verwendung in verschiedenen Prozessen „zusammenmontiert" werden, erfolgt in zunehmendem Maße mit Internet-Technik: Dies geschieht im allgemeinen unter Verwendung von Middleware oder auf der Grundlage von Java (z.B. im IBM San Francisco-Projekt[165]). Die Internet-Technik trägt daher auch zur Erschließung der Integrationspotentiale objektorientierter Software bei (Wiederverwendbarkeit von Code, Montage von Komponenten).

Benutzungsoberfläche

Bei einer prozeßorientierten Arbeitsweise tritt die Benutzung einzelner Applikationen in den Hintergrund. Die Konzentration auf die im Rahmen einer Prozeßaktivität auszuführende Tätigkeit wird von einer integrierten Benutzungsschnittstelle, die keine Grenzen zwischen den einzelnen Anwendungssystemen erkennen läßt, unterstützt. Die beim Zugriff auf das Intranet verwendete universelle Benutzungsoberfläche in Gestalt des Web-Clients erfüllt diese Anforderung des Workflow-Managements in nahezu idealer Weise.

Aufbauorganisation

Die Integration der Aufbauorganisation kann im Intranet unter zwei Gesichtspunkten gesehen werden:

- Intranet-Anwendungen können zu einer größeren Transparenz der Aufbauorganisation eines Unternehmens beitragen. Die Anbindung eines Personalverwaltungssystems ermöglicht es Mitarbeitern im Rahmen ihrer Kompetenzen zum Beispiel, auf einfache Weise auf organisatorische Daten (Zuständigkeiten, Vertretungsregelungen) zuzugreifen. Diese Informationen lassen sich direkt zur Erfüllung von Aufgaben im Rahmen des Workflow-Managements einsetzen.

- Ein Intranet bietet – im Unterschied zu der in konventionellen WFMS vorherrschenden Vorstellung, eine übergeordnete, steuernde Instanz könne die Ausführung von Aktivitäten exakt determinieren – auch andere Möglichkeiten der Prozeßunterstützung[166]. Die Verfügbarkeit von Groupware-Diensten unterstützt unmittelbar neue, auf verstärkter Teamarbeit basierende Konzepte der Organisationsgestaltung.

4.2 Intranet-Lösungen für Workflow-Management

Intranets verfügen – wie im vorangegangenen Abschnitt dargestellt – über ein in mehrfacher Hinsicht hohes Integrationspotential und bieten sich daher für die Unterstützung eines umfassenden Prozeßmanagements an.

---

164 vgl. Leymann/Roller (1997), S. 5
165 vgl. Peter u.a. (1997), S. 76
166 vgl. Kapitel 2.4.3

Um dieses Potential zu nutzen, ist auch bei kommerziellen Workflow-Management-Systemen ein Trend zu beobachten, bestehende Integrationsprobleme dieser Systeme durch die Verwendung von Inter-/Intranet-Technik zu lösen[167].

In diesem Abschnitt wird dargestellt, wie WFMS in die Infrastruktur des Intranet eingebunden werden können und wie diese Einbindung in konkreten Produkten tatsächlich vorgenommen wird. Dabei liegt – sicher auch aufgrund der Ausrichtung der betrachteten kommerziellen Systeme – der Schwerpunkt auf der Unterstützung der Steuerungsphase des Workflow-Management-Zyklus unter Verwendung des Web-Dienstes.

Das Intranet ermöglicht gerade durch seine verschiedenen Dienste eine umfassende Unterstützung auch der anderen Phasen. Diesem Aspekt wird in den Folgekapiteln bei der Untersuchung des Analysewerkzeugs *Business Process Analyst* Rechnung getragen.

4.2.1 Architektur von Intranet-basierten WFMS

In kommerziell verfügbaren WFMS wird Intranet-Technik in unterschiedlicher Art und Weise eingesetzt. Dies kann auf unterschiedliche Faktoren zurückgeführt werden:

- In der Praxis der WFMS können zwei unterschiedliche Arten von Intranet-Integration unterschieden werden: Auf der einen Seite finden sich konventionelle WFMS, die in das Intranet eingebunden werden können (im Sinne eines „Web-enabling"). In einem anderen Ansatz werden WFMS von Grund auf unter Verwendung der Inter-/Intranet-Technik neu konzipiert. Systeme der letzteren Art nutzen die verschiedenen Möglichkeiten des Intranet naturgemäß stärker; sie verfügen aber gegenüber den etablierten WFMS oft über eine geringere Funktionalität, so daß ihre Marktbedeutung noch eher gering ist.

- Art und Umfang der Funktionalität, die ein WFMS über das Intranet anbietet, prägen ebenfalls die Architektur einer derartigen Lösung. In der Praxis finden sich die folgenden Entwicklungsstufen[168]:
  - Anstoßen eines Workflows aus dem Inter-/Intranet durch Ausfüllen und Abschicken eines Formulars,
  - Unterstützung der Ausführung von Aktivitäten durch eine Intranet-basierte Arbeitsliste,
  - Integration der Ausführung von Anwendungen in den Web-Client durch Intranet-basierte Applikationen und
  - Berücksichtigung der über die reine Steuerung hinausgehenden Phasen des Workflow-Management-Zyklus durch Intranet-basierte Werkzeuge für die Modellierung, Analyse und Administration.

---

167 vgl. Jablonski u.a. (1997), S. 349, Becker u.a. (1998), S. 21 und Mohan (1998), S. 7
168 vgl. Mohan (1998), S. 7

• Die Weiterentwicklung der Inter-/Intranet-Technik hat sich – vor allem auf der Grundlage des Web-Dienstes – in den Vergangenheit stark beschleunigt. Inwiefern der Aufbau von WFMS bereits solche Entwicklungen wie portablen Code (Java) oder objektorientierte Middleware (CORBA, IIOP) berücksichtigt, hängt daher auch vom Stand der Verbreitung und Akzeptanz dieser Technologien ab.

Aus diesen Gründen kann keine generische Architektur angegeben werden, die für alle Systeme zutreffend ist. In diesem Abschnitt soll daher das Spektrum der Realisierung Intranet-basierter WFMS anhand zweier extremer Architekturmodelle verdeutlicht werden. Abbildung 6[169] stellt diese beiden Architekturen gegenüber.

Im folgenden werden die beiden Modelle beschrieben und diskutiert.

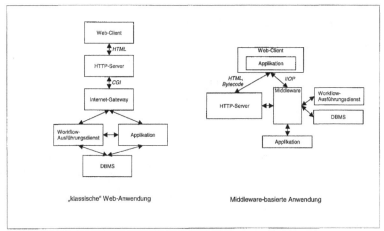

Abbildung 6: Architektur von Intranet-Anwendungen

4.2.1.1 WFMS als „klassische" Web-Anwendung

Diese in Abbildung 6 links dargestellte Architektur eines WFMS kann als eine Erscheinungsform der Applikationseinbindung angesehen werden, wie sie bereits seit den Anfängen des Web-Dienstes angeboten wird.

In diesem Modell kommuniziert der Web-Client ausschließlich mit dem Web-Server. Für die Kommunikation wird HTML und darin eingebettete Formate verwendet. Der Web-Client ist dabei ein nahezu reines Präsentationsmedium, da er nur sehr eingeschränkte Verarbeitungsfunktionen (z.B. Eingabeüberprüfungen mittels JavaScript) übernimmt.

Der HTTP-Server wertet Client-Anfragen aus und leitet sie unter Verwendung der CGI-Schnittstelle (Common Gateway Interface) an einen Gateway-Prozeß weiter, der die Verbindung des Intranet mit dem eigentlichen WFMS herstellt. Diese Art der Anbindung bietet sich vor allem als Erweiterung konventioneller WFMS an, weil durch die Funktionalität des

---

169 Abbildung in Anlehnung an Jablonski u.a. (1997), S. 353 und Benn/Gringer (1998), S. 7

Internet-Gateway nur geringe Modifikationen an den Kernfunktionen des WFMS nötig werden.

Der Workflow-Ausführungsdienst stellt die eigentliche Funktionalität des WFMS bereit, z.B. die Auswahl anstehender Aktivitäten und deren Zuordnung zu den Benutzern oder die Aufbereitung der Arbeitsliste. In einem DBMS werden alle Workflow-relevanten Daten (Workflow-Modelle, Protokolle, Daten der Prozeßinstanzen) abgelegt. Applikationen können wie gewohnt in das WFMS eingebunden werden, sofern sie automatisch ablaufen oder über das Internet-Gateway kommunizieren können. Eine weitergehende Applikationsunterstützung erfordert die lokale Verwendung dieser Programme parallel zum Web-Client[170]. Die Kommunikation zwischen dem Workflow-Ausführungsdienst, dem DBMS und den Applikationen findet nach den Regeln des WFMS und nicht notwendigerweise unter Verwendung der Intranet-Technik statt.

Alle Daten aus dem WFMS werden über das Internet-Gateway übertragen und vom HTTP-Server als HTML-Dokumente aufbereitet.

Für die Verbesserung der Präsentation kann die vorgestellte Architektur um Java-Applets erweitert werden. Sie werden durch den Web-Client vom HTTP-Server geladen und durch ein rahmendes HTML-Dokument parametrisiert[171].

Die Vorteile dieser Architektur liegen im geringen Änderungsbedarf bestehender WFMS; neben Web-Clients können auch konventionelle Workflow-Client-Anwendungen eingesetzt werden. Aufgrund des Verzichts auf lokale Programminstallationen und der Tatsache, daß der Web-Client ausschließlich die Aufgabe der Darstellung übertragener HTML-Dokumente hat, werden nur geringe Anforderungen an den Web-Client selbst und die Hardware der Arbeitsplatzrechner gestellt. Ein solches System ermöglicht auf einfache Weise das Auslösen eines Workflows aus dem Internet (z.B. durch einen Kunden).

Problematisch ist aber die – bei exzessiver Verwendung der Intranet-Anbindung – hohe Belastung des Netzwerks und des HTTP-Servers, der nicht nur für die Kommunikation mit den Clients sondern auch für die Aufbereitung der aus dem WFMS kommenden Daten zuständig ist. Derartige WFMS-Lösungen zeichnen sich ferner nicht unbedingt durch eine gute Skalierbarkeit aus (die durch die Verwendung mehrerer HTTP-Server oder Internet-Gateways erreicht werden könnte), so daß Antwortzeit und Durchsatz des Systems kritisch sein können. Auf die Einschränkungen bei der Applikationseinbindung wurde bereits hingewiesen; sie haben unter Umständen zur Folge, daß die im Intranet zur Verfügung stehende Funktionalität kaum über die Verwaltung von Arbeitslisten und die Aufbereitung von Parametern der Prozeßinstanzen hinausgeht. Für operative Benutzer kann ein solches System daher oft nur schwer eine umfassenden Unterstützung der Aufgabenbewältigung darstellen; da die Administration des WFMS ebenso wie die Modellierung und Ana-

---

170 vgl. Jablonski u.a. (1997), S. 354
171 vgl. Kapitel 3.2.3.1

lyse mit konventionellen Werkzeugen vorgenommen wird, bleiben Integrationsaspekte des Intranet ungenutzt.

4.2.1.2 WFMS als Middleware-basierte Anwendung

Die in Abbildung 6 rechts dargestellte Architektur verwendet die in Kapitel 3.2.3.2 eingeführten Dienste von Middleware und beschreibt weniger einen bereits kommerziell realisierten Aufbau eines WFMS, sondern eher die Vision, die hinter der konsequenten Anwendung objektorientierter und Middleware-basierter Netzwerktechnologien steht. Nicht-objektorientierte Middleware spielt im Rahmen des Intranet-Einsatzes keine bedeutende Rolle. Erste Forschungsprototypen Intranet-basierter WFMS wurden bereits mit dieser Architektur realisiert[172].

Wie im ersten vorgestellten Modell nutzt der Web-Client einen HTTP-Server für den Zugriff auf HTML-Dokumente. Außerdem werden vom HTTP-Server Applikationen (vor allem Workflow-Client-Applikationen, aber auch Workflow-Anwendungsprogramme) in Form von portablem Bytecode geladen. Die Ausführung dieser Applikationen innerhalb der Web-Client-Umgebung ist für die Nutzung der Workflow-Funktionalität notwendig; durch sie und den im Web-Client integrierten ORB erfolgt der Zugriff auf die Dienste der Middleware (mit Hilfe des IIOP-Protokolls).

Aufgrund der Verteilungstransparenz der Middleware können diese Dienste auf verschiedenen Rechnern realisiert werden. Die Funktionalität des Workflow-Ausführungsdienstes, des DBMS und der eingebundenen Anwendungsdienste werden in diesem Modell unter Verwendung der Middleware realisiert bzw. in diese eingebettet.

Eine derartige Implementierung stellt eine radikale Abkehr von traditionellen Systemarchitekturen dar; die Einbindung von Altsystemen wird durch die Einkapselung eines solchen Systems in ein Middleware-konformen Rahmen vorgenommen.

Sowohl für die Stellung des Workflow-Ausführungsdienstes wie für die Rolle der Applikationen hat die vorgestellte Architektur nachhaltige Auswirkungen:

- Der Workflow-Ausführungsdienst wird (wie die Funktionalität des DBMS) zu einem integrierten Dienst der Middleware, der prinzipiell von allen Anwendungssystemen verwendet werden kann, die auf die Middleware zugreifen[173]. In diesem Modell müßte ein WFMS daher als ein System definiert werden, das vom Workflow-Dienst der Middleware Gebrauch macht. Da die Middleware die nicht-funktionalen Aspekte[174] eines WFMS in großem Umfang abdeckt, kann die Realisierung der Workflow-Dienstes sich voll auf dessen funktionale Aspekte konzentrieren.

- Applikationen, die für diesen Architekturrahmen entwickelt werden, basieren auf kleinen Komponenten (Objekten) mit eng umrissener Funktionalität. Diese Basisobjekte bilden

---

172 vgl. Jablonski u.a. (1997), S. 298
173 Diese Auffassung spiegelt sich auch im Referenzmodell der OMG wieder, die die Workflow-Funktionalität als *common facility* standardisieren wird. Vgl. Jablonski u.a. (1997). S. 284
174 vgl. Kapitel 2.4.4.2

im Idealfall einen Aspekt der Geschäftswelt umfassend ab (alle Attribute und IV-technischen Manipulationsmöglichkeiten z.B. eines Auftrags oder eines Kunden) und werden
als *Business Objects* bezeichnet.

Die Vorteile dieser Architektur liegen in der Verwendung des mächtigen Middleware-Kon-
zepts, das ein hohes Maß an Skalierbarkeit, Verteilungstransparenz und Heterogenität
erlaubt. Von der nahtlosen Integration des WFMS-Konzepts in die Middleware-Architektur
erhofft man sich letztlich den Durchbruch und eine breite Akzeptanz des Gedankengutes
des Workflow-Managements[175].

Als problematisch muß die Tatsache der bisher mangelnden Verbreitung der Middleware-
Technologie und das Fehlen praktisch einsetzbarer Produkte gelten. Erst wenn diese vorliegen, wird sich zeigen, ob insbesondere die Einbindung bestehender Systeme in die vorgestellte Architektur befriedigend gelöst werden kann.

4.2.2 Systeme mit Workflow-Funktionalität und Intranet-Anbindung in der Praxis

Zur Illustration des Standes der Praxis bei der Realisierung Intranet-tauglicher WFMS sollen nun zwei kommerzielle Systeme mit Workflow-Funktionalität näher betrachtet werden.
Um ein möglichst breites Spektrum angebotener Systeme abzudecken, fiel die Wahl auf
ein reines und ein derivatives WFMS.

4.2.2.1 IBM FlowMark

Das System

FlowMark ist ein reines WFMS, das auf Client/Server-Technologie basiert und auf vielen
Systemplattformen verfügbar ist. Seine Grundkomponenten entsprechen denen der
WfMC-Architektur und sind:

- FlowMark-Server. Dieser realisiert den Workflow-Ausführungsdienst, koordiniert also
  die Vorgangsausführung. Als zentralen Bestandteil verwenden FlowMark Server ein
  DBMS.
- Buildtime-Client. Als Workflow-Definitionswerkzeug ermöglicht er eine grafische Model-
  lierung von Workflows und die Beschreibung aller für die Ausführung benötigter Daten.
- Runtime-Client. Operative Benutzer erhalten mit dem Runtime Client Zugriff auf das
  WFMS in Form einer Arbeitsliste.
- Program Execution Client. Für die Einbindung von Anwendungsprogrammen stellt
  FlowMark eine Reihe von APIs zur Verfügung, über die die Kommunikation mit den
  FlowMark Servern abgewickelt wird.

---

175 vgl. Jablonski (1995), S. 13

Durch die Verfügbarkeit vieler APIs konnte FlowMark eine für reine WFMS beachtliche Verbreitung erlangen. Das System liegt derzeit in der Version 2.3 vor.

Workflow-Funktionalität

Durch seine Konzeption als reines WFMS bietet FlowMark vergleichsweise umfangreiche Möglichkeiten für die Modellierung und Steuerung von Workflows und einen guten Durchsatz im operativen Betrieb[176]. Die Schwächen von FlowMark liegen in mangelnden Analysemöglichkeiten und dem Fehlen einer Unterstützung für Ad-hoc-Workflows (es existiert zwar ein Runtime-Client für Lotus Notes, dieser gestattet aber keine ad-hoc Modifikation von FlowMark-Prozeßmodellen).

Intranet-Anbindung

Für die Intranet-Anbindung bietet IBM mit *Internet Connection* eine Lösung an, die sich an der in Abbildung 6 (links) vorgestellten Architektur orientiert[177]. Kernkomponente ist das *FlowMark Internet Gateway*, das die Verbindung zwischen einem HTTP-Server und der *FlowMark Worklist API* herstellt.

Benutzern stehen über den Web-Client folgende Funktionen zur Verfügung[178]:

· Anmeldung an das WFMS,

· Anzeigen der Arbeitsliste und der definierten Prozeßmodelle,

· Starten eines Prozesses (d.h. Erzeugen einer Prozeßinstanz),

· Ausführen einer Aktivität und

· administrative Tätigkeiten (Abbrechen, Anhalten und Neustart eines Prozesses).

Die Ausführung einer Aktivität unterstützt FlowMark durch das generische *Web-Enabled Activity Program*. Dieses wird an Stelle der eigentlichen Applikation eingebunden und übergibt dem Benutzer die für diese Aktivität benötigten Daten der Prozeßinstanz. Diese Daten können in einem HTML-Formular bearbeitet und wieder in die FlowMark-Datenbank zurückgeschrieben werden.

IBM betont den Nutzen der *Internet Connection* für die Verwendung im WWW. Die Intranet-Tauglichkeit ist eingeschränkt, weil die Komponenten der *Internet Connection* starke Restriktionen an die Softwareumgebung (unterstützte HTTP-Server, Betriebssystem) stellen. Ferner ist die Integration der eigentlichen Applikationen bisher ungelöst.

4.2.2.2 SAP R/3 und Business Framework

Das System

SAP R/3 ist eine betriebswirtschaftliche Standardanwendungssoftware, die aufgrund einer mehrstufigen Client/Server-Architektur hochgradig skalierbar ist.

176 Ergebnisse einer Vergleichsstudie von WFMS durch W&GS, zitiert nach: Computerwoche 6/98, S. 15
177 vgl. IBM (1998), S. 2
178 vgl. ebenda, S. 7

R/3 integriert Funktionen aus praktisch allen Funktionsbereichen eines Unternehmens auf der Basis eines modularen Softwareaufbaus (es existieren z.B. Module für Finanzwesen, Personalwirtschaft, Vertrieb oder Produktionsplanung). Je nach gewünschtem Einsatzbereich lassen sich die Programmodule kombinieren und schrittweise ergänzen.

Die grobkörnige Modularchitektur von R/3 wird von SAP z.Z. schrittweise in ein feinkörnigeres Komponentenmodell überführt[179]. Jede Komponente realisiert dabei einen Teil der vormaligen Modulfunktionalität (z.B. Auftragseingang, Produktdatenmanagement). Kern des Komponentenmodells ist das *Business Framework*. Darin werden die technischen und organisatorischen Rahmenbedingungen festgelegt, die das Zusammenarbeiten der Komponenten ermöglichen. So werden die Schnittstellen der Komponenten in einer Vielzahl von *BAPIs* (Business Application Programming Interfaces) dokumentiert und stabil gehalten. Die kleinste Einheit des SAP-Modells bilden Business Objekte (z.B. Auftrag, Mitarbeiter), die komponentenübergreifend verwendet werden können.

Grundlage des Business Framework ist das R/3-Referenzmodell, in dem die betriebswirtschaftlichen Zusammenhänge der Anwendungswelt definiert sind (Geschäftsregeln, Prozesse, Geschäftsobjekte). Die Konfiguration wird in einem integrierten Datenmodell, dem *Business Object Repository*, festgehalten.

Workflow-Funktionalität

Die Notwendigkeit einer weitgehenden Anpassung an die Gegebenheiten eines Unternehmens führte zur Abkehr von einer starren, allenfalls auf dem Weg der Programmierung änderbaren Modellierung der funktionalen Abläufe innerhalb des R/3-Systems. So ermöglicht seit Release 2.1 das Programm *SAP Business Workflow* die Integration der Systemmodule aufgrund flexibel gestaltbarer Workflows. Dieses WFMS verwendet dabei dieselben, beim aktuellen Release 3.1 im Business Object Repository abgelegten, Daten wie die funktionalen Komponenten und verwirklicht dadurch eine hochgradige Ressourcenintegration[180]. Die explizite Modellierung der Aufbauorganisation für die Vorgangssteuerung kann so beispielsweise entfallen[181], weil sie bereits im Personalverwaltungs-Modul erfolgt.

Intranet-Anbindung

Die erste Öffnung des R/3-Systems in Richtung Inter-/Intranet erfolgte ähnlich wie in Abbildung 6 links dargestellt: Die Rolle des Internet-Gateways übernimmt der *Internet Transaction Server*, speziell für den Inter-/Intranet-Einsatz konzipierte Applikationen – die *Internet Application Components* (IACs) – können vom Web-Client aus angestoßen werden. Die IACs bilden einfache Funktionen der R/3-Komponenten nach. Die Anbindung an die Funktionen des Business Workflow erfolgt durch die Bereitstellung einer Arbeitsliste (IAC *Integrated Inbox*) und der Möglichkeit der Vorgangverfolgung (IAC *Workflow Status*

---

179 vgl. Graf (1997), S. 63
180 vgl. SAP (1998a), S. 5
181 Eine Diskussion der Vorteile der Integration von WFMS in Standardanwendungssoftware bietet z.B. Becker, vgl. SAP (1998a), S. 8

Reports). Damit können Benutzer Workflows initiieren, nachvollziehen und im Rahmen der Funktionalität der IAC auch ausführen.

Weit über diesen Ansatz hinaus geht die Portierung der R/3-Benutzungsschnittstelle auf Java. Mit dieser *JavaGUI* steht innerhalb des Web-Clients die gesamte Funktionalität des R/3-Systems zur Verfügung (einschließlich der Funktionen des Business Workflow)[182]. Die Kommunikation der JavaGUI mit dem R/3-System kann in Zukunft auf der Basis von Middleware erfolgen; bei einer gleichzeitigen Anbindung der BAPI-Schnittstellen an diese Middleware ergibt sich dann eine Architektur wie in Abbildung 6 rechts dargestellt.

---

182 Die wachsende Bedeutung der JavaGUI verdeutlichen auch die Pläne von SAP, die Zahl der betriebssystemspezifischen Implementierungen der Standard-GUI deutlich zu reduzieren. Vgl. o.V. (1998)

5. Prozeßanalyse

„Das 'ideale' Workflow-Management-System ist ein Softwarepaket, das den gesamten Workflow-Management-Zyklus ... unterstützt und auf beliebigen Hardwarearchitekturen unter unterschiedlicher Systemsoftware läuft."[183]

Im vorangegangenen Kapitel wurde verdeutlicht, wie die Realisierung von Workflow-Management-Systemen auf Basis eines Intranet dieser Wunschvorstellung näher kommen kann: Die Potentiale, die sich durch die technischen Eigenschaften und die Anwendungsformen des Intranet in Form von Integrationsfaktoren ergeben, sprechen deutlich für diesen Ansatz.

Der Blick auf die verfügbaren WFMS verdeutlicht aber auch, daß die geforderte Unterstützung des gesamten Workflow-Management-Zyklus längst nicht als selbstverständlich gelten kann. Vor allem die Phase der Analyse von Geschäftsprozessen wird in vielen Systemen sehr stiefmütterlich behandelt, was angesichts der Tatsache, daß diese Phase sowohl im strategisch-administrativen als auch im operativen Teilzyklus durchlaufen werden sollte, durchaus verwundert. Andererseits erfordert gerade die Analysetätigkeit von den beteiligten Personen ein umfassendes Geschäftsverständnis, so daß eine IV-technische Unterstützung naturgemäß schwierig ist.

In diesem Kapitel soll daher die Notwendigkeit, die Mittel und die mögliche IV-Unterstützung von Prozeßanalysen im Rahmen des Workflow-Management-Zyklus beleuchtet werden. Daraus lassen sich die Anforderungen für ein Intranet-basiertes Analysewerkzeug ableiten, wie es mit dem im Rahmen des Software-Labors der Universität Stuttgart entwickelten Prototypen des *Business Process Analyst* zur Verfügung steht.

5.1 Auswirkungen der Prozeßorientierung

5.1.1 Veränderung der Aufbauorganisation

Die Orientierung an den Prozessen, die den Gedanken des Prozeßmanagements zugrunde liegt, hat nicht nur Auswirkungen auf die eigentliche Gestaltung der Prozeßabläufe. Wenn in einem Unternehmen eine neue Sichtweise auf die Prozesse etabliert werden soll, betrifft dies auch die aufbauorganisatorische Gestaltung des Unternehmens und dessen eigentliches Selbstverständnis (im Sinne einer Kundenorientierung). „Mitarbeiter mit neuem Denken, die sich an neue Arbeitsmodelle halten sollen, müssen auch anders organisiert werden."[184]

Im Rahmen der Unternehmensgestaltung kommt der betrieblichen Organisation die Aufgabe zu, im Hinblick auf eine effektive und effiziente Leistungserstellung die innerhalb und zwischen den Prozessen bestehenden Interdependenzen aufzulösen. Diese Interdependenzen entstehen einerseits durch Verflechtungen der zu erbringenden Leistungen (eine

---

183 Hellmann (1994), S. 16
184 Hammer (1995), S. 124

Aktivität benötigt das Ergebnis einer anderen Aktivität), andererseits durch die Konkurrenz um Ressourcen (z.B. die Belegung einer Maschine)[185]. Zur Bewältigung dieser Aufgabe, d.h. zur Strukturierung der Organisation, werden Konzepte zur Arbeitsteilung und Koordinationsinstrumente eingesetzt[186].

Die Notwendigkeit zur Arbeitsteilung ergibt sich dabei zwangsläufig aus der begrenzten Kapazität der Ressourcen. Die zu erfüllende Aufgabe wird zunächst in Teilaufgaben untergliedert. Im Zuge der Aufgabensynthese werden Teilaufgaben dann zu Stellen zusammengefaßt und letztlich den Aufgabenträgern zugewiesen. Resultat dieser Aufgabenverteilung ist eine Spezialisierung, die um so stärker ist, je weniger Aufgaben eine Stelle zu verrichten hat. Ebenfalls erzeugt eine höhere Spezialisierung einen größeren Koordinationsbedarf und führt zu einer Abnahme der Flexibilität der Organisation[187].

Koordination ist notwendig, um die Teile einer Struktur auf ein gemeinsames Ziel auszurichten. Zur Erreichung von Koordination werden folgende Instrumente eingesetzt[188]:

Persönliche Weisung. Instanzen, die mit Entscheidungs- und Weisungsbefugnis ausgestattet sind, geben diese an untergeordnete Stellen weiter oder rufen (im Fall nicht ausreichender Kompetenzen) übergeordnete Stellen an.

Regeln und Programme. Diese „unpersönliche technokratische Koordination"[189] standardisiert Handlungen in Form expliziter Richtlinien und reduziert den Bedarf an persönlichen Weisungen.

Pläne. Periodische Vorgaben werden eingesetzt, um Aktivitäten im Rahmen eines systematischen Planungsprozesses zu koordinieren.

Selbstabstimmung. Im Gegensatz zur Fremdkoordination nehmen die Partner, zwischen denen Koordinationsbedarf besteht, die Abstimmung selbst vor (informell innerhalb einer Gruppe oder in Gremien).

Neben diesen strukturellen Koordinationsinstrumenten tragen auch nicht in organisatorischen Regelungen festgelegte Aspekte wie Werte und Normen eines Unternehmens zur Abstimmung bei[190].

Der Koordinationsbedarf kann reduziert werden, wenn Organisationseinheiten durch die Zusammenfassung in einem gemeinsamen Verantwortungsbereich entkoppelt werden, innerhalb dessen dann spezifische Koordinationsinstrumente eingesetzt werden. Außerdem können spezielle Stellen mit Koordinationsaufgaben gebildet werden. Ersteres führt zur Ausprägung von Abteilungen, letzteres zur Schaffung von Leitungsstellen. Beide Maßnahmen führen zu einer Hierarchie organisatorischer Einheiten.

---

185 vgl. Gaitanides (1983), S. 160
186 vgl. Kieser/Kubicek (1992), S. 86
187 vgl. Clauss u.a. (1997), S. 9
188 vgl. Kieser/Kubicek (1992), S. 104
189 vgl. Gaitanides (1983), S. 177
190 vgl. Hammer (1995), S. 163

Ein hohes Maß an Spezialisierung und Hierarchiebildung ist das Kennzeichen der traditionellen, funktionsorientierten Organisationsform. Die eingesetzten Koordinationsinstrumente (vor allem Weisungen und explizite Programme) folgen der Hierarchie und führen zu einer deutlichen Trennung von planenden und steuernden Aufgaben einerseits und ausführenden Tätigkeiten andererseits. Kritikwürdig an dieser Organisationsform ist, daß sie bei Mitarbeitern zu einem starken Denken in Abteilungsgrenzen führt und bereichsübergreifende Zusammenhänge bei der Ausführung von Aufgaben oft verlorengehen. Die Entbindung von planenden und steuernden Aufgaben kann bei operativen Aufgabenträgern zudem zu mangelndem Engagement, Entscheidungsunwilligkeit und -unfähigkeit führen[191]. Auf der administrativen Ebene ist eine bereichsbezogene Optimierung des Ressourceneinsatzes[192] zu beobachten, die im Prozeßkontext nicht optimal ist.

Diese Organisationsform führt letztlich zu Wertvorstellungen, die keine schlüssige Ausrichtung auf Prozesse zulassen und durch organisatorische Maßnahmen überwunden werden müssen.

Die Verringerung des Koordinationsaufwandes durch eine geringere Arbeitsteilung ist ein Kerngedanke der *prozeßorientierten Organisation*[193]. Um organisatorische Schnittstellen zwischen einzelnen Aktivitäten zu reduzieren, findet die Aufgabensynthese primär unter Berücksichtigung von Prozeßobjekten (Produkte, Kundengruppen) und Ablaufzusammenhängen statt, wodurch funktionale Aspekte bei der Stellenbildung und der Aufbauorganisation in den Hintergrund treten.

Eine zentrale Anforderung an die Unternehmensorganisation ist ein schnelles, flexibles Reaktionsvermögen auf Umfeldänderungen, das zu einer veränderten Handhabung der Koordinationsinstrumente führt. Starre Regeln und Programme werden durch Pläne ersetzt, die Handlungen nicht mehr bis ins Detail festlegen, sondern deren Rahmen in Form prozeßrelevanter Ziele vorgeben[194]. Die Verantwortung für die Umsetzung dieser Ziele wird daher in hohem Maß auf die ausführenden Bereiche übertragen. Wird dieser Ansatz der impliziten Handlungsregelung[195] konsequent bis hinunter auf die Ebene der Träger operativer Tätigkeiten verfolgt, rücken planende und ausführende Tätigkeiten wieder näher zusammen.

Die damit einhergehende Stärkung der Eigenverantwortung verändert auch das Verhältnis der Aufgabenträger zueinander, da die Bedeutung vertikaler, d.h. hierarchisch motivierter, Kooperation zu Gunsten horizontaler (im Extremfall egalitärer) Zusammenarbeit abnimmt: Die Bedeutung direkter Weisungen wird reduziert, im Gegenzug wird ein höheres Maß an Selbstabstimmung notwendig[196]. Ihren organisatorischen Ausdruck finden diese Entwick-

---

191 vgl. Gaitanides (1983), S. 187f. und Reuter (1995), S. 66
192 Sie führt z.B. dazu, daß sie im Vertriebsbereich unter dem Aspekt der Umsatzmaximierung, in der Produktion unter dem der Auslastung von Maschinen und Mitarbeitern und im Finanzbereich unter reinen Kostenaspekten gesehen wird.
193 vgl. Reuter (1995), S. 70
194 vgl. Gaitanides (1983), S. 156
195 vgl. ebenda, S. 159
196 vgl. Clauss u.a. (1997), S. 16

lungen in einem im Rahmen der Prozeßorientierung zu beobachtenden Trend zur Teamarbeit.

Die abnehmende Rolle der Fremdkoordination führt zu einer im Gegensatz zur traditionellen Organisationsweise deutlich verringerten Zahl von Hierarchiestufen. Durch ihre geringere strukturelle Komplexität ist eine derartige Aufbauorganisation in höherem Maße zu
den geforderten flexiblen Veränderungen fähig.

5.1.2 Gestaltung des Prozeßmanagements

Die im Rahmen der Prozeßorientierung notwendigen Führungsaufgaben wurden in Kapitel
2.3 unter dem Begriff des Workflow- bzw. Prozeßmanagements zusammengefaßt. Sie
stehen in engem Zusammenhang mit der vorgestellten prozeßorientierten Organisationsgestaltung. Das Prozeßmanagement erstreckt sich auf die Planung, Steuerung und Kontrolle der Prozesse und umfaßt sowohl die Aufgaben des Business Process Reengineering als auch die Etablierung einer systematischen, kontinuierlichen
Prozeßverbesserung.

Die Inhalte und Maßnahmen des Prozeßmanagements sollen in diesem Abschnitt untersucht werden.

5.1.2.1 Führungsmodell

Den Führungsaufgaben des Prozeßmanagements, wie sie in Kapitel 2.3 in der Form des
Workflow-Management-Zyklus beschrieben wurden, liegt ein systemtheoretisch-kyberneti-
sches Modell zugrunde. Dieses Modell beschreibt, wie in einem zyklischen Prozeß der
Planung, Steuerung und Regelung das Verhalten eines dynamischen Systems zielgerich-
tet beeinflußt werden kann[197].

In der praktischen Umsetzung dieses Prinzips können zwei Phasen unterschieden werden: Auf die Phase der Etablierung einer wirkungsvollen Führung, die beim Prozeßmanagement mit der organisatorischen Fixierung und Implementierung eines Prozesses endet,
folgt die operative Phase, der ein zyklisches Verständnis von Führung zugrunde liegt.
Abbildung 7[198] zeigt die Teilphasen dieses Führungsmodells.

---

197 vgl. Heinrich/Roithmayr (1992), S. 333; Eine kritische Diskussion des kybernetischen Modells findet sich bei Zwicker, vgl. Zwi k-
ker (1996), S. 418.
198 in Anlehnung an Fries/Seghezzi (1994), S. 339, Österle (1995), S. 107 und S. 118

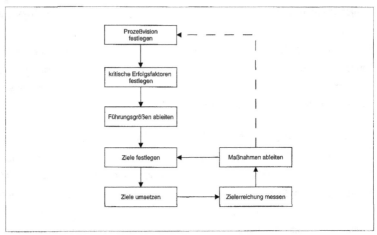

Abbildung 7: Führungsmodell

Erfolgskritisch für die Etablierung eines effektiven und effizienten Prozesses ist die Aus-richtung der Prozeßgestaltung an der Unternehmensstrategie. Sie findet ihren Nieder-schlag in einer Prozeßvision, die einen langfristig angestrebten Prozeßzustand ausdrückt und sich an den Kundenerwartungen und deren wirtschaftlichen Erfüllung durch das Unternehmen orientiert.

Über den Erfolg des Prozesses entscheiden letztlich wenige Faktoren. Diese *kritischen Erfolgsfaktoren* herauszufinden ist Aufgabe des nächsten Schrittes. Sie lassen sich einer-seits aus allgemeingültigen Erfolgsfaktoren (z.B. Termintreue, wettbewerbsfähige Preise) und unternehmensspezifischen Faktoren (Image, Kompetenz) ableiten oder sind prozeß-spezifisch (z.B. technisch bedingt)[199]. Insgesamt stehen die kritischen Erfolgsfaktoren über den Partikularinteressen der Prozeßbeteiligten. Sie sind ein wichtiger Beitrag zur Eta-blierung einer an den Prozessen orientierten Unternehmenssicht und sollten allen Prozeß-beteiligten bekannt sein[200].

Erfolgsfaktoren werden erst durch ihre operative Umsetzung wirksam. Sie müssen daher in konkreten Führungsgrößen ausgedrückt werden, die als Indikatoren für die Effektivität und Effizienz eines Prozesses dienen können.[201] Führungsgrößen sind z.B. Durchlaufzei-ten, Fehler- und Reklamationsquoten oder Personalkosten pro Vorgang.

Im Rahmen der Operationalisierung der Führungsgrößen werden für diese Größen Soll-werte und Zeitpunkte für die Erreichung dieser Werte festgelegt. Diese Zielvorgaben wer-den i.a. periodisch erneuert und von den Prozeßbeteiligten in Subziele umgesetzt, die letztendlich Vorgaben für die Prozeßausführung darstellen.

Während oder nach der Prozeßausführung werden Daten erhoben, aus denen der Grad der Zielerreichung abgelesen wird. Auf den verschiedenen Kompetenzebenen werden

199 vgl. Österle (1995), S. 112
200 vgl. Brenner (1994) , S. 75
201 zu Form und Inhalt der Führungsgrößen vgl. Kapitel 5.1.2.2

diese Daten interpretiert und in konkrete Maßnahmen umgesetzt. Diese sollen – im kybernetischen Sinne einer Regelung – die Zielerfüllung verbessern. Sie können aber auch zu einer Korrektur der Zielwerte oder einer weitergehenden Hinterfragung der Erfolgsfaktoren oder der Prozeßvision führen.

Um eine erfolgreiche Etablierung des Prozeßmanagements zu erreichen, muß dieses in die Führungsstruktur des Unternehmens eingebunden werden. Dies erfolgt in der Rolle des Prozeßmanagers, der für die beschriebenen Aufgaben hinsichtlich der Planung und Kontrolle der Prozeßziele und für die Umsetzung von Maßnahmen verantwortlich ist[202].

5.1.2.2 Kennzahlen

Führungsgrößen müssen sich zur Bestimmung operationalisierter Ziele in quantitativen oder qualitativen Merkmalen ausprägen. Nur auf dieser Grundlage kann eine Erfolgsmessung durchgeführt werden. Qualitative Führungsgrößen sind dabei schwieriger zu handhaben, aber oft nicht zu vermeiden (z.B. zur Beschreibung der Qualifikation von Mitarbeitern). Sofern möglich sollten sie quantifiziert werden; sie liegen dann als Kennzahlen vor.

Führungsgrößen werden in direkte und finanzielle Größen unterschieden[203]: Erstere beschreiben unmittelbar im Zuge der Prozeßausführung beobachtbare Merkmale (Anzahl, Quoten, Zeiten), während letztere aus diesen abgeleitet sind und von den Prozeßbeteiligten im allgemeinen nicht direkt mit einer Tätigkeit verbunden werden können (z.B. Deckungsbeiträge).

Die Ermittlung von Kennzahlen dient nicht nur als Kontrollinstrument, sondern soll auch die einzelnen Prozeßbeteiligten bei der Erreichung ihrer jeweiligen Ziele unterstützen (als Ausdruck des Management by Objectives). Sie müssen daher in die Sprache und Abstraktionsebene der jeweiligen Mitarbeiter übersetzt werden. Dies geschieht einerseits durch eine nähere Spezifizierung der Zielgrößen (top-down), andererseits müssen die bei der Prozeßausführung ermittelten Daten verdichtet werden (bottom-up), um der jeweiligen Sichtweise gerecht zu werden.

Zusammenfassend sind die Einsatzmöglichkeiten von Kennzahlen[204]:

- Planungshilfsmittel zur Beschreibung eines Zustandes und Dokumentation von Entscheidungen,
- Koordinationsinstrument zur Operationalisierung von Zielen in Form von Vorgaben,
- Kontrollinstrument durch Bestimmung des Grades der Zielerreichung und
- Früherkennung von Veränderungen durch permanente Erhebung und Zeitreihenvergleiche.

Da Kennzahlen aus Zielen der jeweiligen Betrachter abgeleitet werden, findet die bei einer Zielverfeinerung entstehende Zielhierarchie ihren Niederschlag in einer entsprechenden Kennzahlhierarchie.

---

202 vgl. Österle (1995), S. 123
203 vgl. ebenda, S. 113
204 vgl. Groffmann (1992), S. 2

Der Gebrauch von Kennzahlen erstreckt sich nicht nur auf die Ebene einzelner Prozesse. Wenn in mehreren Prozessen gemeinsame (Teil-) Hierarchien von Kennzahlen identifiziert werden, kann daraus ein prozeßübergreifendes Kennzahlensystem entwickelt werden. In einem solchen Gefüge lassen sich für das Unternehmen wichtige Kennzahlzusammenhänge beschreiben und für Prozeßvergleiche (innerhalb des Unternehmens oder im Rahmen eines zwischenbetrieblichen Benchmarking) heranziehen. Für diese Zwecke bieten sich in der Praxis Standardkennzahlsysteme an, die eine wohldefinierte Begrifflichkeit und Systematik realisieren[205].

Die Bereitstellung und Aufbereitung derartiger Daten als Instrument der Unternehmensführung ist Aufgabe des betrieblichen Controlling. In diesem Zusammenhang werden die beschriebenen Aufgaben des Prozeßmanagements auch als Prozeßcontrolling eingestuft. Trotz der Bedeutung unternehmensweiter Kennzahlen wird darauf hingewiesen, daß die Bestimmung relevanter Zahlen primär prozeßindividuell erfolgen muß[206]: Nur so wird eine Konzentration auf die jeweiligen erfolgskritischen Faktoren möglich und ein letztlich nicht zielführendes Überangebot von Informationen vermieden. Deshalb soll an dieser Stelle auch auf die Wiedergabe eines detaillierten prozeß- und unternehmensunabhängigen Kennzahlensystems verzichtet werden. Ansätze in der Literatur[207] unterscheiden häufig Zeit-, Kosten- und Qualitätskennzahlen in verschiedenen Verdichtungsstufen, die dann zu jeweils interessierenden Objekten angegeben werden. Beispiele solcher Objekte und einiger konkreter Kennzahlen sind:

- Prozeß: mittlere Durchlaufzeit, Zahl der beteiligten Mitarbeiter, Anzahl von Prozeßabbrüchen
- Aktivität: mittlere Dauer, mittlere Personalkosten, Spezialisierungsgrad
- Personal: Auslastungsgrad, Qualifikationsstruktur, Altersstruktur
- Produkt: Deckungsbeiträge, Lagerbestand, nachgefragte Menge

5.1.3 Kostenmanagement

Rücken in einem Unternehmen die Prozesse in den Mittelpunkt, dann erlangen im Zuge des Prozeßmanagements auch Aussagen über wertmäßige Prozeßgrößen eine hohe Bedeutung. Die Einbeziehung von Kostenkennzahlen in Prozeßkennzahlenmodelle trägt dieser Entwicklung Rechnung. Kostengrößen sind in verschiedener Hinsicht für das Prozeßmanagement relevant:

- Sie erzeugen Kostentransparenz für einzelne Prozeßexemplare. Dadurch lassen sich Aussagen über die Bestimmung von Losgrößen, bevorzugte Auftragsvolumina oder Kalkulationen von Sonderfertigungen gewinnen.
- Auf Aktivitätenebene ermöglicht die Kostentransparenz z.B. die Beurteilung, ob bestimmte Prozeßvarianten wirtschaftlich sinnvoll sind oder ob Aktivitäten durch Fremdvergabe wirtschaftlicher abgewickelt werden können.

205 vgl. Groffmann (1992), S. 4
206 vgl. Fries/Seghezzi (1994), S. 340, Scheer (1995), S. 675 und Aichele/Kirsch (1995), S. 128
207 vgl. Lamla (1995), S. 82 ff., Aichele/Kirsch (1995), S. 125 und Reuter (1995), S. 85 und S. 89

- Bei Prozeßmodifikationen können Kostenänderungen nachvollzogen werden. Dies ist erforderlich, weil die Optimierung von Prozessen hinsichtlich anderer Faktoren zu einer Kostensteigerung führen kann (wenn z.b. zur Verringerung von Durchlaufzeiten IV-Systeme eingesetzt werden).

Aus traditionellen Kostenrechnungsverfahren wie der Grenzplankostenrechnung können allerdings die für die prozeßorientierte Sicht benötigten Zahlen kaum ermittelt werden[208]. Ihr Hauptproblem besteht in der pauschalen Schlüsselung der Gemeinkosten auf Kostenträger[209], woraus sich ein hoher Anteil an nicht verursachergerecht berücksichtigten Kosten ergibt. Eine Kostenzuordnung zu Prozessen und eine Verfolgung mengenabhängiger Kosten in den indirekten Bereichen ist damit nicht möglich.

In der Vergangenheit wurden daher alternative Kostenrechnungssysteme entwickelt, die über ein höheres Maß an Prozeßorientierung verfügen.

Bei der *Prozeßkostenrechnung*[210] werden in den betrachteten Prozessen zunächst Kostentreiber identifiziert, die direkten Einfluß auf die Prozeßkosten haben. Prozesse, deren Kostentreiber die Prozeßmenge ist, werden als leistungsmengeninduzierte (lmi) Prozesse klassifiziert. Andere, wie z.b. Führungsprozesse, gelten als leistungsmengenneutral (lmn). Bei der Ermittlung der Prozeßkosten werden die durch lmn Prozesse hervorgerufenen Kosten auf die lmi Prozesse umgelegt, so daß sich deren Gesamtkosten aus einem lmi und lmn Anteil zusammensetzen. Durch die Prozeßkostenrechnung lassen sich so die Kosten für einzelne Prozeßinstanzen ermitteln.

Ein Schwachpunkt der Prozeßkostenrechnung ist deren mangelnde Berücksichtigung von Prozeßverflechtungen, so daß Prozeßänderungen zu nicht erkennbaren Seiteneffekten führen können. Dieses Problem behebt eine Weiterentwicklung der Prozeßkostenrechnung, die *Prozeßbasierte Kostenrechnung* (PBC) nach Lawson[211]. Sie verzichtet auf eine Kostenverrechnung über Kostenstellen und orientiert sich an den Abfolge- und Kostenabhängigkeiten zwischen Aktivitäten.

Prozeßorientierte Kostenrechnungssysteme können das Prozeßmanagement mit den benötigten Kosteninformationen versorgen. Trotz ihrer Neuartigkeit und nicht unerheblichen Komplexität nimmt ihre praktische Bedeutung daher zu[212].

5.1.4 Analyse von Unternehmensinformationen als Managementaufgabe

Die Aspekte der vorangegangenen Abschnitte sollen nun zueinander in Bezug gebracht und zu einem Gesamtbild zusammengesetzt werden.

---

208 vgl. Heilmann u.a. (1997), S. 2
209 vgl. Scheer (1995), S. 671
210 vgl. Heilmann u.a. (1997), S. 3
211 vgl. Lawson (1994), S. 33
212 Die Prozeßkostenrechnung wird seit Release 4.0 z.B. auch von SAP R/3 unterstützt (vgl.
    http://www.sap.com/germany/products/rel40/prokost.htm, 12.5.98).

Insgesamt kann beobachtet werden, daß sich im Zuge der Prozeßorientierung eine veränderte Sichtweise der betrieblichen Aufgabenausführung sowohl auf Führungs- als auch auf operativer Ebene durchzusetzen beginnt: Durch den Rückgang der Fremdkoordination und der Notwendigkeit flexiblerer Organisationsformen stößt ein mechanistisches Verständnis von Tätigkeiten an seine Grenzen. Selbstabstimmung und Ausrichtung auf die Ziele von Handlungen erfordern ein umfassenderes Aufgabenverständnis, das nur durch die Verfügbarkeit von Informationen über den Handlungskontext erreicht werden kann. Für die Analyse und Bewertung dieses Kontexts müssen daher Unternehmensinformationen jedem Handlungsträger zur Verfügung stehen.

Zusammenfassend können Analysen von Unternehmensinformationen die folgenden Ziele unterstützen:

- Analysen dienen der Operationalisierung der vorgegebenen Handlungsziele, so daß relevante Subziele definiert werden können. Insgesamt kann die Verfügbarkeit von Informationen zu einer Versachlichung der Diskussion zwischen Prozeßbeteiligten beitragen[213].

- Die Abwägung von Handlungsalternativen soll sich an einer über die einzelnen Aktivitäten hinausgehenden Gesamtsicht auf die Prozesse orientieren. „Handlungsautonomie setzt das Erkennen von Interdependenzen voraus"[214], so daß Informationen über die Verflechtung der einzelnen Aktivitäten benötigt werden.

- Feedbackinformationen aus der Prozeßausführung verdeutlichen Handlungskonsequenzen in Form von Soll/Ist-Vergleichen und können zu Verbesserungsschritten anreizen. Positives Feedback kann ein wichtiger Motivationsfaktor für die Beteiligten sein[215].

- Informationen, die bisher nur der Unternehmensführung zugänglich waren und zunehmend auch operativen Prozeßbeteiligten zur Verfügung stehen, demokratisieren das Führungswissen. Dies kann bei den einzelnen Mitarbeitern zu einer stärkeren Identifikation mit den Unternehmenszielen führen.

- Der offene Umgang mit Informationen trägt in einem Unternehmen zu einer veränderten Sichtweise von Prozeßschnittstellen bei: Indem die Effektivität und Effizienz von Prozessen z.B. in Form von Kosteninformationen transparent werden, wird eine marktähnliche Transparenz erreicht, die durch eine Möglichkeit zur externen Vergabe zu einem internen Wettbewerbsdruck führt. Die Anforderungen der „internen Kunden" können weiteren Anlaß für Prozeßverbesserungen geben.

Der durch die Prozeßorientierung hervorgerufene Wandel im Umgang mit Information sollte trotz der beschriebenen Vorteile nicht unkritisch gesehen werden: Planlose Informationsverbreitung führt zu einem Informationsüberfluß, der letztendlich keine zielgerichteten Aussagen mehr ermöglicht oder (schlimmer noch) durch beliebige Informationsverknüp-

213 vgl. Fries/Seghezzi (1994), S. 339
214 Gaitanides (1983), S. 171
215 vgl. Fries/Seghezzi (1994), S. 339

fung beliebige Interpretationen zuläßt. Derartige, scheinbar objektive, „Analysen sind ...
bequem, weil sie den Anschein erwecken, daß Fortschritte gemacht werden."[216]
Information darf daher nicht zum Selbstzweck werden, sondern muß in Form und Inhalt
die Analysebedürfnisse des jeweiligen Betrachters unterstützen. Vor allem auf operativer
Ebene muß darauf geachtet werden, Mitarbeiter bei der Interpretation von Daten nicht zu
überfordern.

Die Aufbereitung von Informationen und die Bereitstellung nützlicher Analysedaten ist eine
Aufgabe, die aufgrund des Datenvolumens, der logischen Verknüpfung und Verdichtung
und der zeitnahen, benutzerbezogenen Präsentation ohne IV-technische Unterstützung in
der Praxis kaum erfüllbar ist. Im folgenden sollen daher Systeme dargestellt werden, die
die beschriebenen Aufgaben unterstützen können.

5.2 IV-Systeme zur Unterstützung von Datenanalysen

5.2.1 Klassifikation von Analysesystemen

Unter einem *Analysesystem* wird in diesem Abschnitt ein IV-technisches System verstanden, das Benutzer durch gezielte Informationsdarstellung und -aufbereitung bei Analysetätigkeiten unterstützt oder selbst solche Analysen durchführen kann. Ein Analysesystem
läßt sich im Rahmen von Planungs- und Kontrollaufgaben einsetzen und trägt somit zur
Umsetzung von Führungsaufgaben bei. Alternativ können auch die Begriffe *Planungs-
und Kontrollsystem*[217] oder *Führungsinformationssystem*[218] verwendet werden. Kennzeichen der Informationswiedergabe in einem solchen System sind Verdichtung und Selektion.

Für die Vielzahl der in der Praxis eingesetzten Systeme haben sich eine ganze Reihe von
Begriffen eingebürgert. Mertens[219] bietet eine umfangreiche Typologie an, die Systeme
anhand folgender Markmale unterscheidet:

- Rollenverhältnis zwischen Mensch und Maschine: Während bei *Berichtssystemen* der
  Rechner nach bestimmten Regeln Informationen bereitstellt, geht bei *Anfragesystemen*
  die Initiative vom Benutzer aus. Diese beiden Typen werden durch heutige Informationssysteme in *Dialogsystemen* integriert, die eine situative Anpassung an Informati-
  onsbedarf und Mensch-Maschine-Kommunikation ermöglichen.

- Führungsebene der Benutzer: *Executive Information Systems* werden von den oberen
  Führungsebenen benutzt, sie unterscheiden sich in der Art der Informationen und ihrer
  Aufbereitung von Systemen für das mittlere Management.

- *Entscheidungsunterstützungssysteme* gehen über reine Systeme zur Informationsdarstellung hinaus, indem sie Handlungen oder Optimierungen vorschlagen.

---

216 Hammer (1995), S. 36
217 vgl. Mertens/Griese (1991), S. 1
218 vgl. Heinrich/Roithmayr (1992), S. 225
219 vgl. Mertens/Griese (1991), S. 1

- Die angebotene Funktionalität kann bereichsorientiert sein oder unternehmensweite Informationen verarbeiten.

- Weitere Unterscheidungsmerkmale können Funktionen zur Unterstützung mehrerer Benutzer, Simulations- oder wissensbasierte Komponenten sein.

In den weiteren Kapiteln stehen Analysesysteme im Vordergrund, die als Dialogsysteme konzipiert sind. Sie unterstützen Benutzer auf allen Entscheidungsebenen mit Informationen, die diese für ihre jeweiligen Aufgaben im Rahmen des Prozeßmanagements und der Prozeßausführung benötigen.

5.2.2 Analysetypen

Analysesysteme können durch die Art der Informationsaufbereitung und durch explizite Auswertungsfunktionalität verschiedene Analysetypen unterstützen[220]:

Berichte: Sie bestehen aus einer nach einem bestimmten Algorithmus erzeugten (verdichteten) Zusammenstellung von Daten. Es werden regelmäßige Standardberichte, nur in Ausnahmesituationen erstellte Abweichungsberichte und Ad-hoc-Berichte unterschieden. In die Berichtserstellung können auch weitergehende Analysen eingehen.[221]

Strukturanalysen: Sie geben wichtige Größen und Zusammenhänge wieder (z.B. die horizontale/vertikale Prozeßstruktur[222] oder die Aufgabenstruktur einer Stelle). In Form von **ABC-Analysen** lassen sich umfangreichere Sachverhalte darstellen, indem Objekte in eine Rangfolge gebracht und klassifiziert werden. Die Aufmerksamkeit des Entscheidungsträgers wird dadurch auf bestimmte Aspekte gelenkt[223].

Strukturvergleiche: Analysen, die Strukturzustände einander gegenüberstellen, können in verschiedenen Konstellationen eingesetzt werden[224]:

- Vergleich von Ist-Zuständen (unternehmensinterne oder -übergreifende Prozeßvergleiche anhand einheitlicher Kennzahlen),

- Ist/Soll-Vergleiche machen die Konsequenzen von Handlungsalternativen sichtbar (z.B. bei der Prozeßoptimierung),

- Soll/Ist-Vergleiche zur Feststellung, ob die in einer Planung vorgegebenen Ziele erreicht wurden und

- Vergleiche von Sollzuständen zur Beurteilung von Handlungsalternativen.

Abweichungsanalysen: Strukturvergleiche können über das reine Feststellen von Abweichungen hinausgehen und auf die Ursachen ermittelter Strukturunterschiede

220 vgl. Mertens/Griese (1991), S. 36
221 vgl. Heinrich/Roithmayr (1992), S. 95
222 vgl. Kapitel 2.2
223 vgl. Heinrich/Roithmayr (1992), S. 35
224 vgl. Aichele/Kirsch (1995), S. 128

hinweisen[225] (für steigende Prozeßdurchlaufzeiten kann z.b. eine zunehmende Überlastung einer bestimmten Rolle/Abteilung verantwortlich sein).

Zeitreihenanalysen: Die Analyse der Entwicklung von Merkmalen eines Objekts im Zeitverlauf ist eine Form von Ist/Ist-Vergleichen. Mit Projektionsmethoden lassen sich Aussagen über die zukünftige Entwicklung (Trends) ableiten (z.b. Entwicklung der Prozeßmenge).

Szenarien, What-If-Analysen: Die systematische Untersuchung, welche Auswirkungen Handlungsalternativen oder nicht beeinflußbare Faktoren haben, erfordert im allgemeinen umfangreiche Simulationen.

Analysesysteme, die über reine Planungs- und Simulationswerkzeuge hinausgehen, benötigen für die Ermittlung relevanter Analyseergebnisse Daten aus der Unternehmensrealität, wie sie von operativen IV-Systemen bereitgestellt werden können.

5.2.3 Entwicklung von Analysesystemen

Die Möglichkeit, IV-Systeme über den operativen Bereich hinaus einzusetzen, wurde schon früh erkannt: Hohe Erwartungen wurden bereits in den 60er und 70er Jahren mit Systemen verbunden, die der Unternehmensleitung ein umfassendes Abbild der Informationen im Unternehmen liefern sollten (Management-Informationssysteme). Kerngedanke dieser Systeme war ein vollständige Integration in zwei Dimensionen[226]:

· Die vertikale Integration sollte alle Unternehmensbereiche erfassen und deren Daten der Führung zur Verfügung stellen.

· In horizontaler Richtung wurde gefordert, daß das System Daten in allen operativen Systemen sukzessive verdichtet und auf der Abstraktionsstufe der jeweiligen Einsatzebene darstellt.

Ein solches System sollte zur Deckung sämtlicher Informationsanforderungen durch die Unternehmensführung beitragen. Letztlich scheiterten diese Systeme aber aufgrund technischer und organisatorischer Probleme: Die angestrebte Integration konnte durch die damalige IV-Technik nicht erreicht werden (der Gedanke der DBMS wurde gerade erst entwickelt) und die notwendige Vereinigung der Beschreibung aller operativer Daten in einem Unternehmensdatenmodell ist auch heute noch eine große Herausforderung.

In der Folge wurden Teillösungen für bestimmte Funktionsbereiche realisiert, die aus der Ergänzung operativer Systeme um Analysefunktionen entstanden. Beispiele für solche Systeme sind[227]:

· Personalinformationssysteme

· Projektmanagementsysteme

· Kostenrechnungswerkzeuge

225 vgl. Heinrich/Roithmayr (1992), S. 41
226 vgl. Mertens/Griese (1991), S. 2
227 vgl. Mertens/Griese (1991), S. 73ff.

- Produktionsplanungssysteme

Erst in jüngerer Zeit wird mit dem Konzept des *Data Warehouse* wieder der Gedanke eines umfassenden Analysesystems verfolgt. Es ist durch eine strikte Trennung von operativen und entscheidungsunterstützenden[228] Daten gekennzeichnet, so daß die Daten der operativen Systeme nicht vollständig integriert werden müssen und von Analysentätigkeiten unberührt bleiben. Die Integration wird vielmehr durch regelmäßige Datenübernahmen in eine (logisch zusammengehörende) unternehmensweite Datenbank erreicht. Dadurch kann eine für Abfragen sinnvolle explizite Speicherung verdichteter Daten realisiert werden. Für Analysen mit Zeitbezug werden ferner Daten über einen längeren Zeitraum protokolliert und bei Änderung nicht überschrieben[229]. Für den Zugriff auf ein Data Warehouse durch Analysesysteme wurde der Begriff OLAP (Online Analytical Processing) geprägt, der durch folgende Punkte gekennzeichnet ist[230]:

- Schnelle Bereitstellung von Ergebnissen auch sehr komplexer Analysen,

- Reichhaltige Funktionalität von Analysen[231] und statistischen Auswertungen,

- Mehrbenutzerfähigkeit und benutzerspezifische Zugriffsmöglichkeit auf Daten und Funktionen,

- mehrdimensionale, d.h. an den Objekten des Unternehmens und den darauf definierten Kennzahlen orientierte (redundante) Speicherung und Analysefunktionalität und

- Zugriffsmöglichkeit auf alle von der Analyse benötigten Daten, unabhängig von deren Umfang und Herkunft.

Durch seine unternehmensweit nutzbare Funktionalität und die Möglichkeit der benutzerabhängigen Zugriffsbeschränkung ist ein Data Warehouse nicht nur für die Benutzung durch die Unternehmensführung, sondern für die Unterstützung von Abfragen auf allen Ebenen geeignet. In der Praxis wird für das Front-End eines Data Warehouse im Intranet die ideale Plattform gesehen[232].

Im Zuge des Prozeßmanagements rücken bereichsübergreifende Analysen in den Mittelpunkt. Prozeßanalysen können ebenfalls durch ein Data Warehouse unterstützt werden, weil dessen hohes Maß an Datenintegration eine optimale Plattform für solche Auswertungen darstellt. Im Grunde kann aber auch für diese Art von Analysesystemen die benötigte Datenbasis durch die Integration mit einem entsprechenden operativen System bereitgestellt werden. Workflow-Management-Systeme umfassen zur Vorgangssteuerung alle prozeßrelevanten Daten und ergänzen diese durch ihre Protokollfunktion um analyserelevante Zusatzinformationen (Zeiten, Mengen). Ein Werkzeug zur Prozeßanalyse wird

228 vgl. Mucksch u.a. (1996), S. 422
229 vgl. Groffmann (1997), S. 11
230 vgl. Jahnke u.a. (1996), S. 321
231 vgl. Kapitel 5.2.2
232 vgl. Winterstein/Leitner (1998), S. 36 und Limberg (1998), S. 57

daher idealerweise in ein WFMS integriert[233] und bildet ein wichtiges Glied in der Unterstützung aller Phasen des Workflow-Management-Zyklus.

5.2.4 Ein integriertes Werkzeug zur Prozeßanalyse

Die technische Unterstützung von Prozeßanalysen erfolgt in der Praxis meist durch eine bloße Dokumentation des Analysevorgangs und der -ergebnisse mit Hilfe von Text-, Grafik und Tabellenkalkulationssystemen[234]. Die Komplexität der Prozesse und der Wunsch nach einer weitergehenden Analysefunktionalität erfordert in vielen Fällen aber eine Unterstützung durch spezifische Werkzeuge. Aus einer Marktstudie von 1995[235] geht hervor, daß Werkzeuge zur Analyseunterstützung grob in drei Gruppen eingeteilt werden können:

Modellierungswerkzeuge. Diese Tools bieten umfangreiche Funktionen für den Entwurf von Geschäftsprozessen und Workflows an. Neben der Möglichkeit einer umfassenden Abbildung und grafischen Aufbereitung von Prozeßinformationen können sie Prozeßmodelle häufig auf formale Korrektheit analysieren (z.B. wenn die Modellierungssprache die Wiederzusammenführung paralleler Zweige fordert).

Simulationswerkzeuge. Die Nachbildung eines Prozesses in einem mathematischen Modell ermöglicht die dynamische Ausführung und die Ermittlung von Prozeßinformationen, die auf die Realität übertragen werden können (z.B. Ressourcenauslastung, Größe von Pufferlägern oder Aktenstapeln[236]).

Prozeßkostenrechner. Spezielle Tools für prozeßorientierte Kostenrechnunsverfahren bieten Funktionen für die Zurechnung von Gemeinkosten zu einzelnen Prozessen. Sie greifen dafür auf Informationen aus bestehenden Kostenrechnungssystemen zu.

Die Funktionalität der Werkzeuge unterscheidet sich aufgrund ihrer jeweiligen Herkunft stark. Ein optimales Werkzeug zur Prozeßanalyse integriert die Funktionen der Werkzeugklassen unter einer gemeinsamen Oberfläche, die dem Benutzer eine umfassende Unterstützung bei Analysetätigkeiten bietet und den Wechsel zwischen verschiedenen Werkzeugen erspart. Die funktionalen Anforderungen an ein Analysewerkzeug können grob in zwei Kategorien unterteilt werden: *Konzepte zur Prozeßbeschreibung* erfassen und dokumentieren die Prozeßeigenschaften auf unterschiedlichen Abstraktionsebenen, während *Analysekonzepte* vor allem der analytischen Unterstützung von Prozeßoptimierung dienen.

Die einzelnen funktionalen Aspekte von Analysewerkzeugen sind[237]:

Konzepte zur Prozeßbeschreibung:

- Funktionalität zur Erfassung und methodischen Ermittlung von Kosten, Zeiten, Qualität und Nutzen eines Prozesses

233 vgl. Bach u.a. (1995), S. 288 und Derszteler (1996), S. 593
234 vgl. Finkeißen u.a. (1996), S. 58
235 vgl. ebenda, S. 60
236 vgl. Gaitanides (1983), S. 120
237 vgl. Finkeißen u.a. (1996), S. 60

- Möglichkeit zur Definition von Kennzahlen und ihrer Zuordnung zu den Prozeßobjekten
- explizite Berücksichtigung strategischer Aspekte des Prozeßmanagements
(z.B. Ziele, kritische Erfolgsfaktoren des Prozesses)
- Dokumentation der Prozesse in aussagefähiger Form (z.B. ISO 9000-konform)
und Wiedergabe von Entscheidungsfällen innerhalb des Prozeßablaufs
- Verdichtung von Daten für die verschiedenen Anwenderklassen und Berücksichtigung von zeitlichen Entwicklungen[238]
- Schnittstellen zur Übernahme und Übergabe von Daten aus/zu anderen Programmen (z.B. Protokolldaten eines WFMS, weitere textuelle oder grafische
Aufbereitung in Büroapplikationen)

Konzepte zur Prozeßanalyse:

- Funktionen zum detaillierten Vergleich von Prozessen
- Untersuchung der Wirtschaftlichkeit von Prozessen durch geeignete Verfahren
(z.B. Nutzwertanalyse)
- Simulation von Prozeßläufen und deren grafische Darstellung (Animation)
- Bestimmung von Optimierungspotential (z.B. durch Analyse von Schwachstel-
len) und Berechnung von Optimierungsvorschlägen
- Möglichkeit der Bestimmung der Bedeutung eines Prozesses und Gewichtung
von Prozessen nach ihrer Bedeutung
- Unterstützung von Maßnahmen für die Umsetzung von ermittelten Optimierun-
gen

Zur Bereitstellung der Analysefunktionalität nutzt ein Tool im Idealfall die Gesamtheit der in Kapitel 5.2.2 vorgestellten Analysetypen.

Um betriebswirtschaftlich relevante Aussagen ableiten zu können, ist die Definition eines unternehmens- und prozeßbezogenen Kennzahlensystems erforderlich. Beispiele für sol-che Kennzahlen finden sich im Anhang[239]. Kommerzielle Systeme weisen in der Umset-zung betriebswirtschaftlicher Konzepte oft noch erhebliche Schwächen auf[240].

5.2.4.1 Anwender

Ein Analysewerkzeug für Geschäftsprozesse soll eine möglichst weitgehende Unterstüt-zung der Tätigkeiten im Rahmen des Prozeßmanagement bieten. Für die Phasen der Pla-nung, Steuerung und Kontrolle wird im Hinblick auf eine optimale Prozeßgestaltung ein breites Angebot von Funktionen bezüglich der Dokumentation, Entscheidungsunterstüt-zung und des Controlling von Prozessen benötigt.

---

238 vgl. Derszteler (1996), S. 599
239 vgl. S. VIII
240 vgl. Bach u.a. (1995), S. 286 und Finkeißen u.a. (1996), S. 66

Im Rahmen der am Anfang dieses Kapitels beschriebenen organisatorischen Veränderungen in Unternehmen erstreckt sich der Kreis der möglichen Anwender eines solchen Analysewerkzeuges nicht mehr nur auf die obere Führungsebene und auf Personen, die direkt für die Gestaltung von Prozessen verantwortlich sind: Die wachsende Bedeutung von Information für die Aufgabenausführung erfordert auch von operativen Anwendern eine Auseinandersetzung mit den Prozessen. „Rechtzeitige und effektive Analysen der Prozesse müssen ein integraler Bestandteil des Management-Prozesses auf allen Unternehmensebenen sein."[241]

Auf den verschiedenen Einsatzebenen können daher folgende Anwendungsfelder für ein umfassendes Analysesystem identifiziert werden[242]:

Strategische Ebene

Strategische Anwender wünschen eine übersichtliche Darstellung, ob und inwiefern Prozesse die Unternehmensziele unterstützen und die definierten kritischen Erfolgsfaktoren erfüllen[243]. Hierfür sind stark verdichtete Informationen erforderlich, die insbesondere zeitliche Entwicklungen erkennen lassen[244]. Als Aufbereitungsart bieten sich grafische Darstellungen an. Im Gegensatz zu einer expliziten Durchführung von Analysen werden vom Top-Management häufig vorgefertigter Berichte gewünscht[245].

Taktische Ebene

Anwender auf dieser Ebene benötigen Unterstützung für die Planung und Implementierung möglichst optimaler Prozesse im Rahmen von Business Process Reengineering und kontinuierlicher Prozeßverbesserung. Ferner erfordert die permanente Kontrolle der Prozesse die Umsetzung eines detaillierten Kennzahlensystems. Diese Anwendergruppe stellt daher die höchsten Anforderungen an ein Analysesystem. Schrittweise Verdichtung und Filterung von Information werden auf den verschiedenen Detaillierungsebenen der Prozesse benötigt[246]. Simulation und Szenarienbildung sind auf dieser Ebene ebenfalls von Vorteil[247].

Operative Ebene

Die durch organisatorische Änderungen hervorgerufene größere Verantwortung führt auch auf der operativen Ebene zur Erfordernis, auf Informationen über Prozesse zugreifen zu können. Für die Aufgabenträger soll sich dabei nicht die Notwendigkeit expliziter Analysen stellen, es sollen vielmehr ganz gezielte, der Aufgabenerfüllung dienende Informationen bereitgestellt werden (z.B. Durchlauf-/Liegezeiten, Anzahl von Reklamationen/Prozeßfehlern). Aufgrund dieser soll der Mitarbeiter seine bisherige Tätigkeit beurteilen und nötige Schritte für eine verbesserte Prozeßgestaltung

241 Aichele/Kirsch (1995), S. 125
242 vgl. Derszteler (1996), S. 594 und Heilmann u.a. (1997), S. 22ff.
243 vgl. Aichele/Kirsch (1995), S. 125
244 vgl. Rechkemmer (1997), S. 151
245 vgl. ebenda, S. 147
246 vgl. Bach u.a. (1995), S. 287
247 vgl. Zell (1997), S. 297

einleiten können (z.B. durch die Wahl alternativer Aktivitäten bei der Überlastung einzelner Akteure). Eine weitere Einsatzmöglichkeit für ein Analysewerkzeug bietet sich im Rahmen einer besseren Kundenorientierung an (z.B. zur Information des Kunden über einen Bearbeitungsstand oder die voraussichtliche weitere Bearbeitungsdauer).

Auf dieser Ebene werden hohe Anforderungen an die Auswahl und Aufbereitung von Daten gestellt. Insgesamt werden detaillierte und zeitnah aus den operativen Systemen zur Verfügung gestellte Daten benötigt.

Für die optimale Unterstützung der verschiedenen Anwendertypen muß ein Analysewerkzeug die benutzerindividuelle Festlegung der zur Verfügung stehenden Daten, Analysefunktionen und Präsentationsform ermöglichen[248]. Benutzer mit gleichen Analysebedürfnissen lassen sich in Benutzerklassen zusammenfassen. Ein Vorschlag[249] zur Klassifikation von Benutzern berücksichtigt beispielsweise die Dimensionen

· Einsatzebenen (s.o.),

· Unternehmensbereiche und

· Prozesse.

Die Funktionalität eines Werkzeugs, das dieses Modell verwendet, kann dann beispielsweise auf Benutzer zugeschnitten werden, die sich auf operativer Ebene im Vertriebsbereich mit dem Prozeß „Auftragsabwicklung Großkunden" befassen.

5.2.4.2 IV-technische Integration

Um Analysesysteme sinnvoll einsetzen zu können, müssen sie zumindest auf Datenebene mit anderen Systemen integriert werden. Aussagekräftige Analyseergebnisse können nur auf der Basis real implementierter und ablaufender Prozesse ermittelt werden, andererseits liefern Analyseinstrumente Prozeßmodifikationen, die wiederum in den operativen Betrieb eingehen sollten. Ein solches Werkzeug muß daher in ein WFMS integriert werden.

Die möglichen Austauschbeziehungen zwischen einem Analysewerkzeug und einem WFMS (bzw. weiterer IV-Systeme) ergeben sich aus der Einbindung der Analyse in den Workflow-Management-Zyklus und sind in Abbildung 8 dargestellt.

Prozeßanalysen verwenden Modelldaten, die im Fall von WFMS durch Workflow-Definitionswerkzeuge zur Verfügung gestellt werden. Modelldaten umfassen Elemente und Struktur von Prozessen; dazu gehören auch Informationen über Ressourcen, die von WFMS-Modellierungswerkzeugen im allgemeinen nicht berücksichtigt werden (z.B. Kapazitäten von Mitarbeitern, Verfügbarkeit von Maschinen oder Räumen). Diese Daten müssen dann von operativen Systemen (z.B. Personalinformationssystemen) bereitgestellt

---

248 vgl. ebenda, S. 298
249 vgl. Heilmann u.a. (1997), S. 23

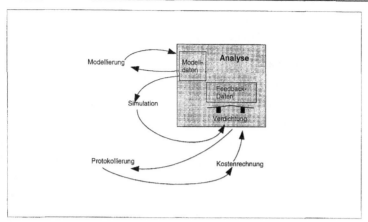

Abbildung 8: Einbindung der Analyse in den Workflow-Management-Zyklus

werden. Bei der Prozeßoptimierung modifiziert ein Analysewerkzeug die Modelldaten, die den anderen Systemen dann zur Verfügung gestellt werden müssen.

Die ausschließliche Analyse von Modelldaten kann zur Beurteilung ihrer formalen Eigenschaften (Strukturmerkmale, formale Korrektheit des Prozeßmodells) herangezogen werden. Weitergehende Analysen erfordern darüber hinaus Feedbackdaten, die erst durch Prozeßläufe generiert werden. Die Protokollkomponente eines WFMS liefert derartige Daten, die sich auf Zeiten und Mengen bearbeiteter Prozeßexemplare beziehen. Durch die Integration der Kostenrechnung in das WFMS können aus diesen Daten prozeßrelevante Kosteninformationen abgeleitet werden (z.B. die Imn und Imi Kosten der einzelnen Aktivitäten)[250].

Betriebswirtschaftlich sinnvolle Analysen erfordern zudem oft weitere geschäftliche Informationen, die nicht in den Protokolldaten enthalten sind. Diese müssen dann aus den Dokumenten der operativen Systeme oder den Prozeßexemplardaten des WFMS entnommen werden (z.B. Daten über den Wert eines Auftrags oder Namen von Bearbeitern)[251].

Da die Daten der Workflow-Protokollierung operativer Systeme für die Analyse zu detailliert und feinkörnig sind, ist eine Verdichtung bei der Übernahme in das Analysesystem notwendig[252]. Die verdichtete Speicherung unterstützt – ähnlich wie im Data-Warehouse-Ansatz – auch die verschiedenen Informationsbedürfnisse der jeweiligen Anwender und die Erfassung zeitlicher Veränderungen von Prozeßgrößen. Bei der Verdichtung muß ein der Analyse zugrunde liegendes Kennzahlensystem berücksichtigt werden.

Wenn noch keine Prozeßimplementierung erfolgt ist, können Feedbackdaten auch durch eine Simulationskomponente generiert werden. Für die Gewinnung aussagekräftiger Ana-

---

250 vgl. Heilmann u.a. (1997), S. 8
251 vgl. Bach u.a. (1995), S. 287 und Jablonski u.a. (1997), S. 209
252 vgl. Derszteler (1996), S. 593

lysedaten ist zu beachten, daß das Simulationsmodell der geplanten operativen Umgebung eines Prozesses gerecht wird.

5.2.4.3 Intranet-Aspekte

An den dargestellten Datenflüssen eines Werkzeugs zur Prozeßanalyse zeigt sich die Bedeutung einer möglichst weitreichenden Integration aller im Rahmen des Prozeßmanagements eingesetzten Systeme.

Aus der Sicht des gesamten WFMS wurde in Kapitel 4 das Intranet als Plattform mit großem Integrationspotential dargestellt. Es liegt auf der Hand, daß diese Potentiale auch bei Prozeßanalysen genutzt werden können, so daß der Einsatz eines Intranet-basiertes Analysewerkzeugs gegenüber anderen Ansätzen große Vorteile bieten kann. In Übertragung der generellen Nutzenpotentiale des Intranet können daher in folgenden Faktoren die Vorzüge eines solchen Werkzeugs gesehen werden:

- Aufgrund der technischen Merkmale des Intranet lassen sich Analysen aus dem ganzen Unternehmen von jedem Arbeitsplatz abrufen. Dies erhöht nicht nur die Transparenz der Vorgänge im Unternehmen für das strategische Management; die Analysedaten können auch insgesamt einem über die Abteilungsgrenzen hinausgehenden Blick auf die Prozesse zum Durchbruch verhelfen.

- Trotz des möglichen hohen Transparenzgrades erhalten nur berechtigte Benutzer eines Intranet-Analysewerkzeug auf bestimmte Daten Zugriff. In zentral hinterlegten Benutzerprofilen werden diese Rechte gezielt zuteilbar.

- Benutzerprofile ermöglichen die individuelle Bereitstellung von Daten und Analysefunktionen und eine angepaßte Darstellung. Der Einarbeitungs- und Suchaufwand bei der Bedienung eines solchen Werkzeugs verringert sich deutlich gegenüber Systemen, die jedem Benutzer dieselbe (oft verwirrende) Funktionsvielfalt bieten.

- Durch die multimediale Aufbereitung von Analyseergebnissen können die spezifischen Präferenzen der Anwender auf den unterschiedlichen Einsatzebenen berücksichtigt werden. Beispielsweise werden die Ergebnisse derselben Analyse einem Benutzer auf strategischer Ebene stark verdichtet als Grafik angeboten, während auf taktischer Ebene eine ausführlichere Darstellung in Tabellenform gewählt wird.

- Die Verfügbarkeit aussagekräftiger Analysen in einer bekannten Benutzungsoberfläche ermöglicht es auch Gelegenheitsbenutzern, sich schnell zurechtzufinden. Benutzer können den Wert der Daten für ihr Tagesgeschäft erkennen, die Analysetätigkeit wird gleichsam „demokratisiert".

- Ein Web-basiertes Analysewerkzeug integriert sich nahtlos in die Informationsinfrastruktur des Intranet: Analysefunktionalität kann über Verknüpfungen direkt in einen bestimmten Sachkontext eingebunden werden (z.B. kann ein Bearbeiter direkt von einem Eintrag in seiner Arbeitsliste Zugriff auf eine kommentierte Prozeßdokumentation erhalten).

- Die Integration von Diensten im Intranet ermöglicht einen angepaßten Umgang mit statischen und dynamischen Informationen: Sollen Analyseergebnisse langfristig verfügbar sein, können sie (in Berichtform) in die relativ statische Informationsstruktur des Intranet aufgenommen werden.

- Schließlich ist ein Intranet-Werkzeug auch für die IV-Abteilung von Vorteil, weil es durch zentrales (Server-)Management und automatische Software-Verteilung (Java-Applets) einen geringeren Administrationsaufwand verursacht.

Die Implementierung eines Prozeßanalyse-Werkzeugs auf der Basis des Intranets stellt also eine interessante Möglichkeit dar, die Analysephase des Workflow-Managementzyklus zu unterstützen und den Einsatzbereich von Workflow-Management-Systemen abzurunden. Einen Ansatz für ein solches Werkzeug stellt das System *Business Process Analyst* dar, das in den folgenden Kapiteln beschrieben wird.

6. Anforderungsspezifikation für *Business Process Analyst*

6.1 Entwicklungsziele

Das Prozeßanalyse-Werkzeug *Business Process Analyst* (BPA) geht auf Entwicklungen im Rahmen eines Projektes des Software-Labors (SL) der Universität Stuttgart zurück. In den Jahren 1995-1997 wurde mit dem Software-Labor das Ziel verfolgt, die Zusammenarbeit zwischen Hochschulen und der Industrie zu fördern. Innerhalb des Projektbereichs Workflow-Management war der Industriepartner die IBM Deutschland Entwicklung GmbH, Böblingen, die für die Entwicklung der Systeme *IBM FlowMark* und *IBM Business Process Modeler* mitverantwortlich ist. Ziel der Zusammenarbeit war die Weiterentwicklung von FlowMark in technischer (Weiterentwicklung der Transaktionsverwaltung[253]), organisatorischer (Modellierung wenig strukturierter Prozesse[254]) und betriebswirtschaftlicher (elektronisches Prozeßhandbuch und Prozeßanalyse[255]) Hinsicht.

FlowMark und Business Process Modeler verfügen nur in geringem Maß über Funktionen zur Unterstützung der Analysephase des Workflow-Management-Zyklus. Der Business Process Analyst soll diese Lücke schließen. Das im Rahmen dieser Arbeit entwickelte Werkzeug stellt dabei den Abschluß des SL-Projekts dar und führt durch die Intranet-Unterstützung über dieses hinaus.

Die in Kapitel 5.2.4 beschriebenen Potentiale der Integration eines Analysewerkzeugs in ein WFMS unterstützt der BPA in mehrfacher Hinsicht[256]:

- Der Überblick über die Bestandteile eines Prozesses, deren Beziehungen und der eingesetzten Ressourcen erhöht die Verfügbarkeit aktueller Informationen mit Prozeßbezug.

- Betriebswirtschaftlich relevante Analysen von einzelnen Prozessen und Prozeßvergleiche ermöglichen Transparenz hinsichtlich Zeit, Kosten und Qualität.

- Die Art und Weise der Aufbereitung der Prozeßinformationen und -analysen ermöglicht sowohl ad-hoc-Auswertungen als auch die Erstellung regelmäßiger Berichte.

- Durch die vollständige Verfügbarkeit der Werkzeugfunktionalität über ein Intranet werden die großen Integrationspotentiale dieser Plattform genutzt[257].

Naturgemäß kann innerhalb eines universitären Projekts nur eine prototypische und den zur Verfügung stehenden Ressourcen angemessene Implementierung erfolgen. Einige qualitative Anforderungen an ein kommerzielles Produkt sind daher nur eingeschränkt auf BPA übertragbar. Dazu gehören Art und Umfang der Fehlerbehandlung, das Zeitverhalten und der Umfang durchgeführter Systemtests. Die Funktionalität ist bisher auf das Profil eines Prozeßmanagers zugeschnitten. Da für Auswertungen auf Prozeßexemplar-Ebene

---

253 in Zusammenarbeit mit dem Institut für parallele und verteilte Höchstleistungsrechner
254 in Zusammenarbeit mit dem Institut für Arbeitswissenschaft und Technologiemanagement
255 in Zusammenarbeit mit der Abteilung für ABWL und Wirtschaftsinformatik des Betriebswirtschaftlichen Instituts
256 vgl. Heilmann u.a. (1997), S. 21
257 vgl. Kapitel 4.1.3 und 5.2.4.3

Daten aus dem operativen Betrieb eines WFMS wünschenswert wären, beschränkt sich BPA auf Analysen auf Prozeßtypebene.

Die im Rahmen dieser Arbeit durchgeführte Weiterentwicklung des Systems baut auf dem Prototyp III[258] vom September 1997 auf und vollzog sich in zwei Stufen:

- Im ersten Schritt erfolgte der Entwurf und die Implementierung eines erweiterten Analysealgorithmus; außerdem wurden Prozeßvergleiche eingeführt. Der Stand dieses Prototyps bildet den Abschluß der Arbeiten des Software-Labors.
- Der zweite Schritt hatte die Realisierung eines Intranet-basierten Werkzeugs zum Ziel. Der aus diesem Schritt hervorgegangene Prototyp 5 wird im folgenden beschrieben.

6.2 Externe Schnittstellen und Datenfluß

Aufgrund der durch das Software-Labor vorgegebenen Rahmenbedingungen erfolgte die Entwicklung des Business Process Analyst unter Berücksichtigung der Integration mit IBM Workflow-Management-Produkten. Die Ressourcenintegration erstreckt sich einerseits auf die von diesen Systemen zur Verfügung gestellten Daten, andererseits wurde das Ziel verfolgt, durch eine Implementierung auf der Basis von Lotus Notes eine Integration der Benutzungsschnittstelle zu erreichen[259]. Abbildung 9[260] zeigt den zwischen den IBM-Systemen und dem BPA bestehenden Datenfluß.

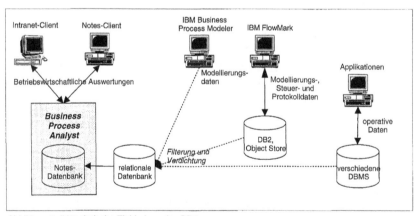

Abbildung 9: IV-technische Einbindung des BPA

Benutzer des Business Process Analyst können auf Prozeßinformationen und Analysen sowohl von einem Notes-Client als auch über das Intranet zugreifen. Das Werkzeug verwendet dabei eine Notes-Datenbank, in der Prozeßdaten und Kennzahlen abgelegt sind. Diese Daten können aus einer relationalen Datenbank eingelesen werden, die zur Integration des BPA und der restlichen Systeme dient.

---

258 vgl. Heilmann u.a. (1997), S. 72ff.
259 IBM FlowMark unterstützt Notes als Workflow-Client.
260 Abbildung in Anlehnung an Heilmann u.a. (1997), S. 40

Innerhalb des SL-Projekts stellte die relationale Datenbank die Schnittstelle zwischen der Entwicklung an der Universität und bei IBM dar, die somit weitgehend entkoppelt stattfinden konnte.

Die Speicherung der Daten in der relationalen Datenbank erfolgt auf der Grundlage eines Metadatenmodells, das alle für eine Analyse benötigten Aspekte der Prozeßorganisation eines Unternehmens berücksichtigt[261]. Da dieses Modell unabhängig von den Eigenschaften der beteiligten Systeme entworfen wurde, kann der BPA auch mit anderen als den hier dargestellten Systemen ohne Änderung zusammenarbeiten.

Durch Filterung und Verdichtung werden die Daten aus den IBM-Systemen in die relationale Datenbank übernommen.

Prozeßmodelle enthalten z.B. Informationen über die Prozeßstruktur oder die Ressourcenzuordnung und können mit IBM Business Process Modeler[262] bzw. dem Buildtime-Client von IBM FlowMark erstellt werden. Sie sind die Grundlage der Prozeßanalyse und müssen in der relationalen Datenbank zur Verfügung stehen.

Beim operativen Einsatz von FlowMark werden Informationen zu den einzelnen Prozeßexemplaren in einer Datenbank abgelegt (z.B. der Startzeitpunkt einer Aktivität oder der Name des Bearbeiters). Aus diesen Informationen können wichtige zeit- und mengenbezogene Prozeßkennzahlen für die Analyse abgeleitet werden (Ausführungsdauer, Prozeßmengen pro Zeiteinheit).

Darüber hinaus erfordern bestimmte Analysen Daten, die nicht von einem WFMS erfaßt werden, sondern durch die eingesetzten Applikationen ermittelt und verwaltet werden. Dabei kann es sich um Informationen über den Ressourceneinsatz (Personalkapazität) oder Kostengrößen (Materialkosten, Kosten einer Aktivität) handeln, die beispielsweise in einem Personalinformationssystem oder einem Werkzeug für die Prozeßkostenrechnung vorliegen. Auch diese Daten werden nach entsprechender Aufbereitung in die relationale Datenbank übernommen.

6.3 Entwicklungsumgebung

6.3.1 Eingesetzte Werkzeuge

Die Entwicklung von Business Process Analyst erfolgte mit *Lotus Notes Designer für Domino 4.6* unter *Windows NT 4.0*. Der Einsatz des Lotus-Produkts bot sich aufgrund der beabsichtigten Integration mit FlowMark unter der Notes-Benutzungsoberfläche an. Außerdem stellt die Funktionalität dieser Umgebung eine gute Ausgangsposition für eine prototypische Entwicklung dar. Die Betriebssystemplattform wurde aufgrund ihrer hohen Verbreitung und der Verfügbarkeit einer standardisierten Schnittstelle für Datenbankzugriffe (ODBC) ausgewählt. BPA verwendet diese Schnittstelle für den Zugriff auf die relationale Datenbank (realisiert unter *Microsoft Access 97*).

---

261 vgl. Kapitel 6.4
262 IBM Business Process Modeler ist ein Werkzeug zur grafischen Modellierung von Geschäftsprozessen.

Für den Einsatz von BPA im Intranet wird ein *Lotus Domino* Server (Version 4.6) benötigt. Die Intranet-Implementierung erfolgte ferner unter Verwendung der *JavaChart Applets* von *Visual Engineering*[263].

6.3.2 Lotus Notes

Die Implementierung des BPA orientiert sich stark an der Funktionalität und Architektur, die durch Lotus Notes vorgegeben wird. Dieses System soll daher zunächst näher betrachtet werden.

Lotus Notes ist ein Client/Server-basiertes Groupware-System[264], das auf vielen System-plattformen verfügbar ist. Die Funktionalität von Notes umfaßt typische Groupware-Anwendungen wie Mail, Diskussionsforen oder Gruppenkalender. Diese Funktionen wer-den über den *Lotus Domino* Server angeboten, der praktisch alle gängigen Internet-Proto-kolle verwendet. Aus diesem Grund kann auf das Notes-System auch von einem Web-Cli-ent in einem Intranet zugegriffen werden.

Die Architektur von Domino/Notes ist in Abbildung 10[265] dargestellt.

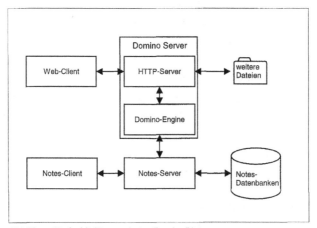

Abbildung 10: Architektur von Lotus Domino/Notes

Der Domino-Server fungiert als HTTP-Server (der auf weitere, von Notes unabhängige, Dateien wie HTML-Dokumente oder Grafiken zugreifen kann) und als Gateway zum Notes-Server.

Zentrales Element des Systems sind die vom Notes-Server verwalteten Datenbanken. Eine Notes-Datenbank realisiert eine Notes-Anwendung, wobei in ihr sowohl Pro-grammcode als auch die Daten der Anwendung gespeichert werden. In einer solchen Datenbank können daher nicht nur strukturierte und typisierte Datensätze, sondern Infor-mationen und Dokumente praktisch beliebigen Typs abgelegt werden. Ein Diskussions-

---

263 vgl. http://www.ve.com/javachart/index.html (3.2.98)
264 vgl. Kapitel 3.3.1.2
265 Abbildung in Anlehnung an Lotus (1997), S. 2

forum zu einem bestimmten Thema, die Dokumentenablage eines Projektteams oder auch der Business Process Analyst sind Beispiele für Notes-Datenbanken.

Der Zugriff auf die Elemente der Datenbanken erfolgt über das *Notes Object Interface*, einer objektorientierten Schnittstelle, die in verschiedene Entwicklungsumgebungen verfügbar ist (z.b. unter den Programmiersprachen C, C++ und Java). Auch der Notes Designer verwendet diese Schnittstellen und ermöglicht die Programmierung von Notes-Datenbanken unter Verwendung der Sprachen LotusScript (einem Basic-Dialekt) und Java.

Teile einer Notes-Anwendung werden auf dem Notes-Server (als sogenannte Agenten), Teile in der Client-Umgebung ausgeführt.

Im Rahmen des Software-Labors wurde der BPA in LotusScript und zunächst ohne Verwendung von Agenten implementiert.

6.3.3 Alternativen der Intranet-Implementierung

Die Einbindung eines HTTP-Servers in die Lotus-Umgebung und die zunehmende Integration von Internet-Techniken in Notes sprachen für die Beibehaltung dieser Plattform auch nach dem Ende des SL-Projekts. Andererseits wurde gerade an der Programmierumgebung Notes Designer Kritik geübt, die in folgenden Punkten zusammengefaßt werden kann[266]:

- Viele Notes-Konzepte stehen für Web-Anwendungen nicht zur Verfügung. Teile der Anwendung können zum Beispiel nicht wie gewohnt in der Client-Umgebung ablaufen. Die Portierung einer bestehenden Notes-Anwendung erfordert daher eine umfangreiche Neuimplementierung.

- Die rasche Weiterentwicklung der Domino-Plattform[267] erfordert vom Entwickler eine ständige Überprüfung, ob neu hinzugekommene Konzepte (z.B. die Einbindung von Java-Applets) bisherige „Workarounds" überflüssig machen. Nicht immer konnte die Stabilität der Entwicklungsplattform überzeugen.

Angesichts dieser Probleme wurden nach Abschluß der Arbeiten im Software-Labor Überlegungen angestellt, die Weiterentwicklung des BPA in einer anderen Entwicklungsumgebung vorzunehmen. Folgende Alternativen erschienen möglich:

- Die vollständige Neuimplementierung des BPA in Java. Unter den mittlerweile sehr mächtigen Java-Entwicklungswerkzeugen könnte ein Analysetool entwickelt werden, das als Java-Applet in der Web-Client-Umgebung abläuft. Unbefriedigend an einer solchen Lösung ist allerdings die immer noch eher mäßige Performance der Ausführung von Java-Bytecode und der hohe Umstellungsaufwand von der bisherigen Plattform.

---

266 vgl. Altmann (1998), S. 36
267 Zwischen Februar und November 1997 wurden von Notes die Versionen 4.5, 4.51, 4.52, 4.6 und 4.6a veröffentlicht, die sich gerade in der Funktionalität zur Entwicklung Web-fähiger Anwendungen zum Teil erheblich unterscheiden.

- Die Integration des BPA in die Umgebung der relationalen Datenbank. Unter Verwendung der Programmierumgebung der Datenbank Access könnte die Funktionalität des Analysewerkzeugs auch direkt auf dem Datenbank-Server abgelegt werden. Die Vereinfachung der Architektur des Analysesystems und die Ähnlichkeit der einzusetzenden Sprache VisualBasic mit LotusScript sprechen für diese Lösung. Problematisch ist, daß sich die Internet-Anbindung einer solchen Lösung wie auch bei Notes noch in ständigem Ausbau befindet.

Die Beibehaltung der bewährten Entwicklungsumgebung und die mögliche Weiterverwendung von Teilen des SL-Prototypen führten letztlich zur Entscheidung, auch den Web-fähigen Business Process Analyst auf der Notes-Plattform zu entwickeln.

6.4 Datenmodell

Das konzeptionelle Datenmodell, auf dem die Auswertungen des BPA beruhen, ist durch das in der relationalen Datenbank definierte Metamodell weitgehend vorgegeben. Durch die Struktur dieses Modells und die darin definierten Attribute werden die Eigenschaften der Prozeßmodellierung mit BPA und die Grundkonzepte der Analyse festgelegt.

6.4.1 Metamodell für Geschäftsprozesse

Das Datenmodell der relationalen Datenbank geht auf ein Metamodell für die Prozeßorganisation zurück, das in einer früheren Phase des Software-Labors entwickelt wurde. Die vorgenommenen Vereinfachungen erhalten die Grundstruktur des Modells und spiegeln wider, daß der BPA nur für Teilaspekte des Metamodells konzipiert wurde.

Abbildung 11[268] zeigt die Objekte des konzeptionellen Datenmodells und ihre Assoziationen in einem Entity-Relationship-Diagramm[269].

Die verwendete Notation verzichtet auf die explizite Darstellung von Assoziationen durch Symbole. Kardinalitäten sind in numerischer Notation angegeben[270].

---

268 Abbildung in Anlehnung an Heilmann (1996), S. 157 und Heilmann u.a. (1997), S. 43
269 zur Methode der Modellierung von Entity-Relationship-Diagrammen vgl. beispielsweise Balzert (1996), S. 138ff.
270 Die numerische Notation ordnet jeder von einer Entität ausgehenden Beziehung ein Zahlenpaar *(min, max)* zu, das aussagt, daß die Entität mit mindestens *min* und höchstens *max* anderen Entitäten über diese Assoziation in Bezug steht. Die Assoziation zwischen Aktivität und Rolle besagt z.B., daß eine Aktivität genau eine Rolle benötigt (1,1) und daß eine Rolle beliebig viele Aktivitäten aus - führen kann (0,n).

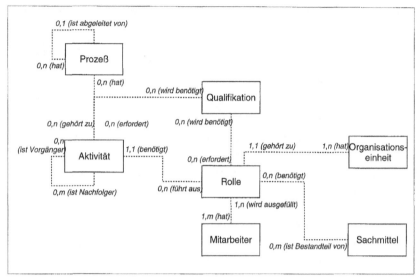

Abbildung 11: Konzeptionelles Datenmodell für Business Process Analyst

Ein **Prozeß** kann aus einem anderen Prozeß abgeleitet worden sein (z.B. als Alternative zu einem Soll-Prozeß). Er kann aus beliebig vielen Aktivitäten bestehen. Auf eine weitergehende Abbildung der vertikalen Prozeßstruktur[271] wird im Rahmen des Prototypen verzichtet.

Aktivitäten stehen im Rahmen der horizontalen Prozeßstruktur in einer Vorgänger/Nachfolger-Beziehung zueinander. Eine Aktivität kann einen (Sequenz) oder mehrere Nachfolger haben, die dann alternativ[272] oder nebenläufig ausgeführt werden. Schleifen sollen in der Modellierung ausgeschlossen werden. Eine Aktivität kann **Qualifikationen** erfordern und benötigt zur Ausführung genau eine Rolle.

Eine **Rolle**[273] muß von mindestens einem **Mitarbeiter** ausgefüllt werden und benötigt unter Umständen **Sachmittel**. Sie kann auch bestimmte Qualifikationen erfordern und gehört eindeutig zu einer **Organisationseinheit**, die wiederum mehrere Rollen vereinigt. Mitarbeiter, Sachmittel und Qualifikationen können mehrfach in die jeweiligen Assoziationen eingehen.

Aus der Vorgänger-/Nachfolger-Beziehung von Aktivitäten entsteht als starke (d.h. attributierte) Entität das Objekt **Verbinder**. Über ein Attribut *Übergangswahrscheinlichkeit* kann die Art der Übergangsbeziehung implizit mitmodelliert werden:

- Eine Sequenz liegt vor, wenn eine Aktivität nur einen Nachfolger hat, der mit einer Wahrscheinlichkeit von 100% erreicht wird.

---

271 vgl. Kapitel 2.2
272 im exklusiven Sinn
273 Durch das Konzept der Rolle wird eine starre Zuordnung einer Aktivität zu Mitarbeitern oder konkreten Stellen der Aufbauorganisation vermieden, wodurch sich eine größere organisatorische Flexibilität realisieren läßt.

- Bei einer alternativen Verzweigung ergibt die Summe der Übergangswahrscheinlichkeiten zu den alternativen Nachfolgern 100%.

- Parallelität wird wie folgt ausgedrückt: Der Beginn eines parallelen Bereiches wird dadurch angezeigt, daß die Übergangswahrscheinlichkeit der von einer Aktivität ausgehenden Verbinder größer als 100% ist (genauer: n*100% bei einer n-fach verzweigenden Parallelität). Um das Ende eines parallelen Bereichs bei einer bestimmten Aktivität anzuzeigen, wird ein Attribut „Synchronisation" bei dieser Aktivität auf WAHR gesetzt. Dieses Attribut muß bei der Modellierung des Prozesses explizit angegeben werden[274].

Unter dem *Pfad* eines Prozesses wird eine mögliche Folge von Aktivitäten verstanden, die von der Start- bis zu einer Endaktivität des Prozesses führt. Ein Prozeß, der alternative Verzweigungen enthält, besitzt also mehrere Pfade. Ein Prozeßexemplar folgt immer einem bestimmten Prozeßpfad.

6.4.2 Attribute

In der folgenden Tabelle werden die den jeweiligen Objekten des Datenmodells zugeordneten funktionalen Attribute aufgeführt. Eine vollständige Übersicht, die auch die strukturellen Attribute beinhaltet, findet sich im Anhang.

Objekt	Attribut	Einheit
Prozeß	Prozeßname durchschnittliche Prozeßmenge Anzahl Prozeßexemplare Prozeßtyp	Einheiten pro Prozeßexemplar Exemplare pro Monat [Soll-Prozeß | Ist-Prozeß]
Aktivität	Bezeichnung mittlere Dauer lmi Kosten lmn Kosten	Minuten DM pro Stunde DM pro Prozeßexemplar
Verbinder	Bezeichnung Übergangswahrscheinlichkeit mittlere Dauer	Prozent Minuten
Rolle	Rollenname Gesamtkapazität der Rolle lmi Kosten lmn Kosten	Stunden pro Monat DM pro Stunde DM pro Prozeßexemplar
Mitarbeiter	Name des Mitarbeiters	
Qualifikation	Bezeichnung	
Organisationseinheit	Bezeichnung	
Sachmittel	Bezeichnung	

Abbildung 12: Funktionale Attribute der BPA-Datenobjekte

Die eingeführten Attribute stellen die Basiskennzahlen dar, auf denen die Analysen des BPA beruhen. In ihnen finden die Konzepte des Werkzeugs bei der Berechnung von Prozeßmengen, Kosten und Zeiten ihren Ausdruck.

Für die Objekte Mitarbeiter, Qualifikation, Organisationseinheit und Sachmittel wurden im Rahmen der bisherigen Arbeit noch keine analyserelevanten Kennzahlen definiert.

---

274 FlowMark unterstützt dieses Konstrukt durch die Angabe einer *start condition* (*at least one incoming connector true* oder *all incoming connectors true*) bei der Modellierung von Aktivitäten.

Mengen

Auf die Durchführung eines Prozesses hat die Zahl der in einem Prozeßexemplar bearbeiteten Einheiten einen großen Einfluß: So ist es im Rahmen der Abwicklung von Aufträgen wichtig, ob ein Auftrag jeweils nur eine oder mehrere Dutzend Positionen umfaßt. Dies berücksichtigt das Attribut *durchschnittliche Prozeßmenge.* Die *Anzahl der Prozeßexemplare* gibt an, wie häufig der Prozeß pro Monat gestartet wurde (entspricht also der Zahl der Aufträge pro Monat). Da sich Soll- und Ist-Vergleiche in der Anwendung und den möglichen Analysen unterscheiden können[275], wird zur Differenzierung das Attribut *Prozeßtyp* eingeführt.

Zeiten

Die gesamte Durchlaufzeit eines Prozesses ergibt sich aus

· wertschöpfenden (ws) Zeiten, die die reine Bearbeitungszeit für einen Vorgang widerspiegeln und

· nicht-wertschöpfende (nws) Zeiten. Diese setzen sich zusammen aus Transport-, Liege-, Stör- und Rüstzeiten.

Die wertschöpfenden Zeitanteile lassen sich leicht aus operativen Daten eines WFMS herleiten[276]: Sie ergeben sich aus der Differenz der Zeitmarke des Abschlusses einer Aktivität und der Zeitmarke des Beginns der Aktivität. Sie werden deshalb im Attribut *mittlere Dauer* dem Objekt Aktivität zugeordnet.

Der wertschöpfende Zeitanteil bildet eine wichtige Grundlage für Aussagen über die Rollenauslastung und die Gesamtbearbeitungsdauer eines Prozesses.

Da sich die Messung von Stör- und Rüstzeiten auch mit Hilfe von WFMS sehr schwierig gestaltet, sollen von BPA nicht-wertschöpfende Zeiten vor allem in Form von Transport- und Liegezeiten berücksichtigt werden. Sie ergeben sich aus der zeitlichen Aufeinanderfolge der Vorgangsschritte[277]. Die Erhebung dieser Zeiten kann aus den operativen Prozeßdaten auf einfache Weise dadurch erfolgen, daß die Zeitmarke des Abschlusses einer Aktivität mit der Zeitmarke des Beginns der Nachfolgeaktivität verglichen wird. Die verstrichene Zeit kann im Prozeßmodell des BPA daher dem Verbinder zugerechnet werden, der diesem Übergang entspricht.

Kosten

BPA berücksichtigt die in einem System zur prozeßorientierten Kostenrechnung ermittelten lmn und lmi Kosten[278]. Es wird davon ausgegangen, daß die Bestimmung der Kosten einzelner Aktivitäten anhand des Ressourcenverbrauchs erfolgt, der bei der Ausführung jeder Aktivität entsteht[279]. Derartige Ressourcen können grob in die Kategorien Sach- und Personalressourcen eingeteilt werden.

275 vgl. Kapitel 5.2.2
276 beispielsweise aus dem AuditTrail von FlowMark
277 vgl. Heilmann (1994), S 13f.
278 vgl. Kapitel 5.1.3
279 vgl. Heilmann u.a. (1997), S. 58f.

Die Zuordnung von Ressourcen zu Aktivitäten erfolgt über das Konzept der Rolle. Dabei werden die Ressourcen der jeweiligen Rolle zugerechnet, die eine Aktivität ausführt. Im Zuge einer Auftragsabwicklung können folgende Beispiele für die entstehenden Kosten identifiziert werden:

- lmi Kosten: Sie entstehen durch die Tätigkeiten, die bei einem Auftragseingang verrichtet werden müssen. Ein typisches Beispiel sind die Personalkosten, deren zuzurechnende Höhe von der Zeit abhängt, die ein Mitarbeiter mit einem bestimmten Auftrag befaßt ist[280].

- lmn Kosten: Diese Kosten fallen unabhängig von der Auftragsausführung an (z.B. Kosten für die Benutzung von Räumen oder technischen Hilfsmitteln wie IV-Systemen).

Die Attribute *lmi* und *lmn Kosten* des Rollenobjekts nehmen diese Kosteninformation auf. Ferner können durch eine Aktivität auch Kosten entstehen, die keiner Rolle zugeordnet werden sollen. Sie werden zum Beispiel durch die automatische Abwicklung von Aktivitäten verursacht und direkt den Aktivitäten zugerechnet (Attribute *lmi* und *lmn Kosten* der Aktivität). Die Bereitstellung eines WFMS kann so beispielsweise pauschal (lmn) oder entsprechend der tatsächlichen Benutzung der IV-Ressourcen bei der automatischen Ausführung (lmi) berücksichtigt werden.

BPA geht davon aus, daß die Berechnung der lmn und lmi Kosten für Aktivitäten und Rollen durch ein dafür geeignetes operatives Werkzeug erfolgt. Das Analysewerkzeug bestimmt aus diesen Daten dann die Kosten für die verschiedenen alternativen Prozeßverläufe.

6.5 Systemarchitektur

Die funktionalen Anforderungen an den BPA ergeben sich zum einen aus den in Kapitel 5.2 vorgestellten Konzepten, die ein integriertes Analysewerkzeug unterstützen muß, zum anderen sind sie eine Konsequenz der vorgestellten Integration mit den IBM-Systemen und den resultierenden externen Schnittstellen. Abbildung 13 stellt die funktionale Architektur des BPA grafisch dar.

---

280 Ein weiterer, im Rahmen einer korrekten Kostenrechnung zu berücksichtigender Faktor ist die Auslastung des Mitarbeiters. Bei einer geringeren Auslastung ist der dem jeweiligen Auftrag zuzuschlagende Personalkostenanteil höher. BPA geht davon aus, daß dies von einem Kostenrechnungssystem bei der Bestimmung der Kosten berücksichtigt wurde.

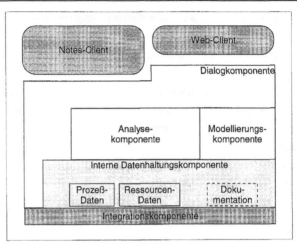

Abbildung 13: Funktionale Komponenten des BPA

Die Integrationskomponente stellt die Verbindung zu den übrigen Teilen des WFMS über die relationale Datenbank her. Sie übergibt die Daten an die interne Datenhaltungskomponente, die die Prozeß- und Ressourcendaten in der Notes-Datenbank verwaltet.

Aufgrund der prototypischen Realisierung des BPA sollen auch Dokumente, deren Gegenstand die Entwicklung des Werkzeugs ist, direkt als Dokumentation in der Notes-Datenbank abgelegt werden können. Entwickler und Anwender können sich somit schnell eine Überblick über den Entwicklungsstand verschaffen.

Die eigentliche Analysefunktionalität und die grafische Aufbereitung der Ergebnisse werden in der Analysekomponente realisiert.

Da BPA nicht nur in Verbindung mit anderen Komponenten eines WFMS eingesetzt werden soll, sondern auch als eigenständiges Werkzeug im Beratungsbereich dienen kann, muß eine Modellierungskomponente die Möglichkeit zur manuellen Dateneingabe und -bearbeitung bereitstellen[281].

Die Steuerung des Dialogs mit dem Benutzer und die Regelung des Zugriffs auf die verschiedenen Systemkomponenten ist Aufgabe der Dialogkomponente. Sie berücksichtigt insbesondere die Unterschiede der beiden eingesetzten Präsentationswerkzeuge (Notes-Client und Web-Client). In die Dialogkomponente fällt auch die diskutierte Berücksichtigung der verschiedenen Benutzergruppen.

Die Anforderungen an die verschiedenen Systemkomponenten werden in den folgenden Abschnitten ausgeführt.

---

281 vgl. Heilmann u.a. (1997), S. 47

6.6 Funktionalität

6.6.1 Analysekomponente

Die Analysekomponente hat die Aufgabe, auf den vorliegenden Daten betriebswirtschaftliche Analysen durchzuführen und diese in geeigneten Kennzahlen aufzubereiten.

Die Auswahl der Analysen, die BPA anbietet, orientiert sich an den in der relationalen Datenbank zur Verfügung gestellten Daten und dem Informationswert für den Benutzer. Im Rahmen der prototypischen Entwicklung wurden Analysen von Einzelprozessen und Prozeßvergleiche implementiert.

Abbildung 14 gibt einen Überblick über die von BPA angebotenen Analysewerte.

Analyseobjekt/-kategorie	Information
Einzelprozeßanalyse	
Prozeßinformationen	• Durchschnittliche Prozeßmenge • Anzahl Prozeßexemplare • Anzahl der Subprozesse, Aktivitäten, Verbinder, Rollen und Abteilungen des Prozesses
Prozeßstruktur	• Startaktivität • mögliche Endaktivitäten • Verzweigungstypen • mögliche Prozeßpfade und ihre Wahrscheinlichkeiten
Aktivitäten des Prozesses	• verwendete Aktivitäten • Wahrscheinlichkeit der Ausführung der einzelnen Aktivitäten • Dauer der Aktivitäten • ABC-Analyse der Dauer der Aktivitäten • Kosten der Aktivitäten • ABC-Analyse der Kosten der Aktivitäten
Prozeß-Organisation	• am Prozeß beteiligte Rollen und Abteilungen • Einbindung der Aktivitäten in die Aufbauorganisation • Auslastungsgrad der Rollen
Zeitauswertungen	• Durchlauf-, wertschöpfende und nicht-wertschöpfende Zeiten für die einzelnen Prozeßpfade und den Gesamtprozeß • Anteil der nws Zeiten an der Durchlaufzeit
Kostenauswertungen	• Gesamt-, Imn und Imi Kosten für die einzelnen Prozeßpfade und den Gesamtprozeß • Anteil der Imn Kosten an den Gesamtkosten
Prozeßvergleiche	
Prozeßinformationen	• Gegenüberstellung von Prozeßmenge, Anzahl Prozeßexemplare, Aktivitäten, Verbindern, Rollen und Abteilungen
Zeitauswertungen	• Vergleich der Durchlauf-, ws und nws Zeiten • Anteil der Durchlauf-, ws und nws Zeiten bezogen auf einen Referenzprozeß
Kostenauswertungen	• Vergleich der Gesamt-, Imn und Imi Kosten • Anteil der Gesamt-, Imn und Imi Kosten bezogen auf einen Referenzprozeß

Abbildung 14: Übersicht über die Funktionalität des BPA

Die Spezifikation der ermittelten Werte und ihrer Darstellung erfolgt in den anschließenden Abschnitten. In Kursivschrift ist jeweils aufgeführt, wie die Analysewerte im Werkzeug benannt werden.

6.6.1.1 Einzelprozeßanalyse

Einzelprozeßanalysen beziehen sich auf ein einzelnes Prozeßobjekt. Sie geben dem Benutzer Informationen über den Zustand des Prozesses und abstrahieren von den konkret ablaufenden Prozeßexemplaren. Dies ermöglicht das Erkennen von Schwachstellen und Verbesserungspotentialen im Prozeßverlauf.

Prozeßinformationen

In diese Kategorie fallen einfach zu ermittelnde Informationen, die eine erste Übersicht über einen Prozeß ermöglichen.

- *Prozeß*: Name und Identifikationsnummer[282] (ID) des betrachteten Prozesses
- *durchschnittliche Prozeßmenge*: Anzahl der pro Prozeßexemplar bearbeiteten Prozeßeinheiten
- *Anzahl Prozeßexemplare*: pro Monat bearbeitete Anzahl der Prozeßexemplare
- *Anzahl der Objekte dieses Prozesses*: Anzahl der im Prozeß enthaltenen Subprozesse, der verwendeten Aktivitäten, der Verbinder (Anzahl der verschiedenen Übergänge zwischen Aktivitäten), der beanspruchten Rollen und der betroffenen Abteilungen

Prozeßstruktur

- *Startaktivität*: Name und ID der eindeutigen Startaktivität des Prozesses
- *mögliche Endaktivitäten*: Anzahl der Endaktivitäten, deren Name, ID und die Wahrscheinlichkeit des Prozeßendes in der jeweiligen Aktivität
- *Verzweigungstypen bei den Aktivitäten*: Zu jeder Aktivität wird ausgegeben, ob von dieser eine Sequenz, Alternative (OR-split) oder Parallelität (AND-Split) ausgeht.
- *Pfad-Wahrscheinlichkeiten*: Mögliche Pfade des Prozesses werden als Aktivitätenfolge zusammen mit der Wahrscheinlichkeit des jeweiligen Pfades ausgegeben. Die Wahrscheinlichkeit $P_{path}(k)$ eines Pfades k ergibt sich aus den Wahrscheinlichkeiten P_{act} seiner n Aktivitäten:

$$P_{path}(k) = \prod_{i=1}^{n} P_{act}(i) \tag{1}$$

Die Pfadwahrscheinlichkeiten werden in einem Kreisdiagramm[283] dargestellt. Die Textausgabe umfaßt Pfadnummer, die Aktivitätenfolge des Pfades und die prozentuale Pfad-Wahrscheinlichkeit.

Aktivitäten des Prozesses

- *Prozeß verwendet die folgenden Aktivitäten*: Liste der Prozeß-Aktivitäten, aufsteigend nach Aktivitäten-ID.
- *Aktivitäten-Wahrscheinlichkeiten*: Name, ID und Wahrscheinlichkeit, mit der jede Aktivität ausgeführt wird (pfadübergreifend).
  Die Wahrscheinlichkeit P_{act} einer Aktivität n berechnet sich aus den Aktivitäts-Wahrscheinlichkeiten $P^{k}_{act}(n)$ auf den einzelnen k Pfaden, in denen Aktivität n vorkommt:

---

282 Die ID dient der eindeutigen Identifikation der Objekte in den Datenbanken und wird vom System vergeben.
283 Dieser Diagrammtyp ist geeignet, um die Anteile der jeweiligen Pfade an der Gesamtheit der Prozeßexemplare darzustellen. Vgl. Zelazny (1996), S. 5ff.

$$P_{act}(n) = \sum_{i=1}^{k} P^{i}_{act}(n) \qquad (2)$$

Dabei berechnet sich P^{k}_{act} (n) rekursiv:

$$P^{k}_{act}(n) = 1 \qquad \text{; wenn Aktivität } n \text{ Startaktivität}$$

$$P^{k}_{act}(n) = P^{k}_{act}(m) * P_{mn} \qquad \text{; sonst} \qquad (3)$$

Dabei sei m die Vorgängeraktivität von n, P_{mn} die Verbinder-Wahrscheinlichkeit zwischen m und n.

Dargestellt werden die Aktivitäten-Wahrscheinlichkeiten in einem Balkendiagramm[284].

- *ABC-Analyse der Zeiten*: Sie führt auf eine Rangliste der Aktivitäten, absteigend nach deren Dauer (Anzeige von Name, ID und Dauer) und wird als Balkendiagramm dargestellt.

Es sei i die Anzahl der Aktivitäten, T_{act} (n) die Dauer der Aktivität n.

$$\text{Dann ist } \overline{T_{act}} = \left(\sum_{n=1}^{i} T_{act}(n) \right) / i \quad [min] \qquad (4)$$

die mittlere Dauer der Aktivitäten.

Die Dauer jeder Aktivität wird durch eine farbliche Kennzeichnung bewertet:

grün: $\qquad T_{act}(n) < \overline{T_{act}} * 0{,}80 \qquad (5a)$

gelb: $\qquad \overline{T_{act}} * 0{,}8 \leq T_{act}(n) \leq \overline{T_{act}} * 1{,}20 \qquad (5b)$

rot: $\qquad T_{act}(n) > \overline{T_{act}} * 1{,}20 \qquad (5c)$

- *ABC-Analyse Kosten*: Eine Rangliste der Aktivitäten, absteigend nach deren Gesamtkosten (Anzeige von Name, ID, Gesamt- und lmn Kosten der Aktivitäten).

Es sei i die Anzahl der Aktivitäten,

C^{lmn}_{act}(n): lmn Kosten der Aktivität n,

C^{lmi}_{act}(n): lmi Kosten der Aktivität n,

C^{lmn}_{role}(n): lmn Kosten der Rolle, die Aktivität n ausführt und

C^{lmi}_{role}(n): lmi Kosten der Rolle, die Aktivität n ausführt.

Die Gesamtkosten C_{act}(n) einer Aktivität berechnen sich dann wie folgt:

$$C_{act}(n) = C^{lmn}_{act}(n) + C^{lmn}_{role}(n) + \frac{T_{act}(n)}{60} * \left(C^{lmi}_{act}(n) + C^{lmi}_{role}(n) \right) [DM/\text{Instanz}] \qquad (6)$$

---

284 Es handelt sich um eine Gegenüberstellung von Objekten, wofür sich dieser Diagrammtyp anbietet. Vgl. Zelazny (1996), S. 5ff.

Die Darstellung der Aktivitäten-Gesamtkosten erfolgt in einem Balkendiagramm.

$$\text{Es seien} \quad \overline{C_{act}} = \sum_{n=1}^{i} C_{act}(n)/i \tag{7}$$

die mittleren Kosten der Aktivitäten.

Die Gesamtkosten jeder Aktivität werden durch eine farbliche Kennzeichnung bewertet:

grün: $\quad C_{act}(n) < \overline{C_{act}} * 0{,}80 \tag{8a}$

gelb: $\quad \overline{C_{act}} * 0{,}8 \leq C_{act}(n) \leq \overline{C_{act}} * 1{,}20 \tag{8b}$

rot: $\quad C_{act}(n) > \overline{C_{act}} * 1{,}20 \tag{8c}$

Prozeß-Organisation

- *Prozeß verwendet die folgenden Rollen:* Liste der Rollen und ihrer ID, aufsteigend nach der Rollen-ID
- *Am Prozeß beteiligte Abteilungen:* Liste der Abteilungen, die von diesem Prozeß betroffen sind
- *aufbauorganisatorische Einbindung der verwendeten Aktivitäten:* Darstellung der Aktivitäten, Rollen und Abteilungen, die von dem Prozeß angesprochen werden. Durch Einrückungen wird angezeigt, welche Aktivitäten von welcher Rolle in welcher Abteilung ausgeführt werden.
- *Rollen-Auslastung:* Berechnung der monatlichen Belastung der Rollen durch den betreffenden Prozeß.

Die zeitliche Beanspruchung $T_{role}(k)$ einer Rolle k ergibt sich aus:

$$T_{role}(k) = \sum_{i=1}^{n} \frac{T_{act}(i)}{60} * P_{act}(i) * N_{inst} \quad [h/Monat] \tag{9}$$

mit:

n: Anzahl der von Rolle k ausgeführten Aktivitäten,

$T_{act}(i)$: Dauer der i. von Rolle k ausgeführten Aktivität und

N_{inst}: Anzahl der in einem Monat bearbeiteten Prozeßexemplare.

Der Auslastungsgrad $O_{role}(k)$ einer Rolle k ergibt sich aus:

$$O_{role}(k) = \frac{T_{role}(k)}{K_{role}(k)} * 100 \tag{10}$$

mit $K_{role}(k)$: Kapazität der Rolle.

Die Darstellung der Auslastungsgrade der einzelnen Rollen erfolgt in einem Balkendiagramm (Anzeige von Rollenname, Rollen-ID, monatlicher zeitlicher Beanspruchung $T_{role}(k)$, monatlicher Rollenkapazität $K_{role}(k)$ und prozentualem Auslastungsgrad $O_{role}(k)$ der Rolle).

Der Auslastungsgrad der Rollen wird durch eine farbliche Kennzeichnung bewertet:

grün: $0{,}80 \le O_{role}(k) \le 1{,}20$ (11a)

gelb: $1{,}20 < O_{role}(k) \le 1{,}30$ (11b)

rot: $O_{role}(k) < 0{,}8 \vee O_{role}(k) > 1{,}30$ (11c)

Zeitauswertungen

*   *Zeitanalyse*: Die Gesamtdauer $T_{proc}(k)$ eines Pfades k innerhalb eines Prozesses ergibt sich grundsätzlich aus der Summe der Dauer aller in diesem Pfad aufgerufenen Aktivitäten und der dazwischen liegenden Verbinder. Werden Aktivitäten parallel ausgeführt, so geht nur die Dauer des parallelen Teilpfades mit der längsten Dauer in die Berechnung ein (kritischer Pfad).

Die mittlere Prozeßgesamtdauer bei p Pfaden ist

$$\overline{T_{proc}} = \sum_{n=1}^{p} T_{proc}(n) * P_{path}(n) \quad [min].$$ (12)

Sie wird also durch Gewichtung mit den Pfad-Wahrscheinlichkeiten P_{path} ermittelt.

Die Darstellung der Pfaddauer erfolgt in einem gestapelten Balkendiagramm, wobei jede Pfaddauer als Summe ihrer wertschöpfenden und nicht-wertschöpfenden Zeiten angezeigt wird.

Die textuelle Ausgabe umfaßt Pfadnummer, Aktivitätenfolge des Pfades, Pfad-Wahrscheinlichkeit, Pfaddauer, nicht-wertschöpfende Zeiten des Pfades und Anteil der nicht-wertschöpfenden Zeiten an der Gesamtdauer.

Die mittlere Prozeßgesamtdauer, die mittlere nicht-wertschöpfende Zeit und der mittlere Anteil der nicht-wertschöpfenden Zeiten werden in gleicher Form ausgegeben.

Kostenauswertungen

*   *Kostenanalyse*: Die Kosten $C_{proc}(k)$ eines Pfades k ergeben sich bei i Aktivitäten innerhalb des Pfades aus

$$C_{proc}(k) = \sum_{n=1}^{i} C_{act}(n) \quad [DM/Exemplar],$$ (13)

wobei die Gesamtkosten $C_{act}(n)$ einer Aktivität sich wie in *(6)* beschrieben berechnen. Aktivitäten, die in parallelen Abschnitten auftreten, müssen nicht gesondert behandelt werden.

Die mittleren Gesamtkosten des Prozesses ergeben sich aus

$$\overline{C_{proc}} = \sum_{n=1}^{p} C_{proc}(n) * P_{path}(n) \qquad [DM/Exemplar]. \qquad (14)$$

Sie werden also ebenfalls durch Gewichtung mit den Pfad-Wahrscheinlichkeiten P_{path} ermittelt.

Die Darstellung erfolgt in einem gestapelten Balkendiagramm, wobei die Gesamtkosten jedes Pfades als Summe ihrer Imn und Imi Kosten dargestellt werden. Die textuelle Ausgabe umfaßt Pfadnummer, Aktivitätenfolge des Pfades, Pfad-Wahrscheinlichkeit, Pfad-Gesamtkosten, Imn Kosten dieses Pfades und Anteil der Imn Kosten an den Gesamtkosten des Pfades.

Die mittleren Gesamtkosten, mittleren Imn Kosten und der mittlere Anteil der Imn Kosten an den Gesamtkosten werden in gleicher Form ausgegeben.

6.6.1.2 Prozeßvergleiche

Prozeßvergleiche stellen Prozesse einander gegenüber und ermöglichen dem Benutzer einen Einblick in die wichtigsten Prozeßdaten.

In der Praxis besteht ein hoher Bedarf an Analysen, die einen Vergleich mehrerer Prozesse darstellen: Die Gegenüberstellung alternativer Modelle im Rahmen eines Business Process Reengineering (BPR) gehört ebenso dazu wie ein Prozeßbenchmarking[285]. Für BPA sind die folgenden Fälle von Prozeßvergleichen interessant:

Ist/Ist-Vergleiche. Die Modelle zweier real existierender Prozesse werden verglichen. Dabei kann es sich um ein und denselben Prozeß handeln, dessen Daten in unterschiedlichen Zeiträumen ermittelt wurden (z.B. bei Quartalsvergleichen). Denkbar ist auch der Vergleich zweier unterschiedlicher Implementierungen desselben Prozesses (Gegenüberstellung der Auftragsabwicklung in unterschiedlichen Unternehmen oder Unternehmensteilen).

Soll/Soll-Vergleiche. Hier werden alternative Gestaltungsmöglichkeiten eines Prozesses miteinander verglichen. Im Zuge eines BPR können die Auswirkungen bei der Einführung verschiedener neuer Prozesse einamder gegenübergestellt werden.

Soll/Ist- und Ist/Soll-Vergleiche. Ein real implementierter Prozeß wird mit einem Soll-Prozeß verglichen. Dies kann einerseits dazu dienen, das im Rahmen eines BPR entstehende Verbesserungspotential gegenüber dem gegenwärtigen Zustand aufzuzeigen; ferner kann der Vergleich eines Sollmodells mit einem darauf basierenden Ist-Zustand Abweichungen von einem beabsichtigten Qualitätsgrad zu Tage fördern (ein wichtiger Punkt im Zusammenhang mit dem Konzept der kontinuierlichen Verbesserung).

285 vgl. Kapitel 5.1.2.2

Prozeßinformationen

Die in Kapitel 6.6.1 beschriebenen Prozeßinformationen der einzelnen Prozesse werden in tabellarischer Form einander gegenübergestellt.

Zeitauswertungen

Für alle an der Analyse beteiligten Prozesse wird die Gesamtdauer, die gesamte nicht-wertschöpfende Zeit und die gesamte wertschöpfende Zeit berechnet (vgl. Abschnitt „Zeitanalyse" bei Einzelprozeß-Auswertungen). Wie dort beschrieben, handelt es sich jeweils um Mittelwerte der einzelnen Pfade, gewichtet mit deren Pfad-Wahrscheinlichkeit. Die ermittelten Werte werden in einem gestapelten Balkendiagramm so dargestellt, daß sich die ausgewählten Prozesse vergleichen lassen.

Die Textausgabe liefert für jeden Prozeß die Angaben der mittleren Gesamtdauer, der gesamten nicht-wertschöpfenden und der gesamten wertschöpfenden Zeit.

Die Daten des ersten Prozesses bilden die Basis für die Berechnung der prozentualen Veränderungen in den anderen Prozessen. Für diese wird zusätzlich ausgegeben:

- die Gesamtdauer des Prozesses bezogen auf den Ausgangsprozeß,
- die nicht-wertschöpfenden Zeiten des Prozesses bezogen auf den Ausgangsprozeß und
- die wertschöpfenden Zeiten des Prozesses bezogen auf den Ausgangsprozeß.

Kostenauswertungen

Die Berechnung der Gesamt-, lmn und lmi Kosten der jeweiligen Prozesse erfolgt wie im Abschnitt „Kostenanalyse" für Einzelprozeß-Auswertungen beschrieben. Auch hier werden die Werte in einem gestapelten Balkendiagramm dargestellt.

Die Textausgabe liefert für jeden Prozeß die genannten Angaben. Die Daten des ersten Prozesses bilden die Basis für die Berechnung der prozentualen Veränderungen in den anderen Prozessen.

6.6.2 Integrationskomponente

Die Integrationskomponente realisiert die Übernahme der in der relationalen Datenbank abgelegten Daten. Sie hat sich daher am logischen Datenmodell dieser Datenbank zu orientieren[286] und erzeugt die den Prozeßobjekten entsprechenden Einträge in der Notes-Datenbank.

Der Export von Daten aus dem BPA ist im Rahmen des Prototypen nicht vorgesehen.

Für eine größtmögliche Flexibilität des Werkzeugs muß der Benutzer die zu verwendende Datenbank auswählen können.

Die Möglichkeit eines selektiven Prozeßimports aus der Datenbank wäre sicher wünschenswert, im Rahmen des Prototypen wurde darauf aber verzichtet. Nach der Auswahl

---

286 vgl. Abb. II im Anhang

der Import-Datenbank werden daher sämtliche Prozeßobjekte der Notes-Datenbank gelöscht und durch die importierten Objekte ersetzt.

6.6.3 Modellierungskomponente

Die Modellierungskomponente ermöglicht es dem Benutzer, Prozesse und alle weiteren Objekte interaktiv anzulegen und zu verwalten. Sie greift dabei direkt auf die Notes-Datenbank zu, so daß die relationale Datenbank nicht verfügbar sein muß. Dadurch kann der BPA auch vom Rest des Systems entkoppelt eingesetzt werden. Auch die Bearbeitung importierter Prozeßobjekte ist möglich.

Für die verschiedenen Objekttypen werden folgende Funktionen angeboten:

- Übersicht der Objekte eines bestimmten Objekttyps, die in der Notes-Datenbank gespeichert werden

- einfache Möglichkeit zum Auswählen eines Objekts

- Anzeigen der Attributwerte des Objekts

- manuelles Ändern einzelner Attributwerte

- Speichern der Änderungen

- Beibehalten der ursprünglichen Attributwerte (Verwerfen von Änderungen)

- Neuanlegen von Objekten

- Löschen von Objekten

Für jedes Objekt wird eine geeignete Maske zur Verfügung gestellt, die Fehleingaben – im Rahmen der Möglichkeiten der prototypischen Entwicklung – verhindert.

Um einen schnellen Vergleich von alternativen Prozessen zu ermöglichen, kann ein Prozeß und seine Struktur (Verbinder) in einem Schritt kopiert werden. Aktivitäten und Ressourcen müssen beim Kopieren nicht berücksichtigt werden, da sie von mehreren Prozessen verwendet werden können.

Es ist ferner wünschenswert, zu Prozessen – im Sinne einer Prozeßdokumentation – weitere Angaben ablegen zu können. Gerade im Intranet bietet sich hier ein Verweis auf ein Dokument an, das Ziele, Benutzungsaspekte und weitere Informationen zu Prozessen beinhaltet. Diese Informationen können aber auch direkt im Kontext des Prozeßobjekts abgelegt werden.

6.6.4 Datenhaltungskomponente

Die Datenhaltungskomponente verwaltet die Prozeßobjekte in der Notes-Datenbank. Ihre Funktionalität ist durch Lotus Notes im wesentlichen vorgegeben.

Zur Datenhaltungskomponente gezählt werden müssen auch die Funktionen zur Dokumentation. Für die Entwicklung des Prototypen ist eine Möglichkeit wünschenswert, auf Kommentare oder Informationen zum Entwicklungsstand des BPA zugreifen zu können.

Auch bei der Benutzung durch einen operativen Benutzer ist eine Dokumentation (im Sinne einer elektronischen Nachschlagemöglichkeit) sinnvoll. Die Dokumentationsfunktionen umfassen:

- Übersicht über die Dokumentationsobjekte
- Ansicht von Dokumentationsobjekten
- Möglichkeit der Bearbeitung (einschließlich Speichern)
- Anlegen neuer Dokumente
- Verwaltung von Dokumentkategorien

Die Dokumentationsobjekte können vom Benutzer bestimmten Kategorien zugeordnet werden (z.B. Entwicklungsdokumente, Benutzerdokumente). Neue Kategorien können ebenfalls erstellt werden.

6.7 Gestaltung der Benutzungsoberfläche

Die Gestaltung einer ergonomischen Benutzungsoberfläche ist ein wichtiger Erfolgsfaktor für die spätere Akzeptanz eines Programms. Gerade ein Werkzeug wie Business Process Analyst muß dies in besonderer Weise berücksichtigen, da es für eine Vielzahl von Benutzern entwickelt wurde, die sich in ihren Erwartungen, Gewohnheiten und Fähigkeiten stark unterscheiden.

Neben den gängigen Regeln für eine gute Gestaltung der Benutzungsoberfläche[287] müssen bei der Implementierung eines Intranet-Werkzeugs auch die Unterschiede beachtet werden, die zwischen einer herkömmlichen Oberfläche und einem im Web-Client präsentierten Programm bestehen[288]:

- Das konkrete Layout der Benutzungsoberfläche ist vom Entwickler nicht vollständig kontrollierbar. Die von unterschiedlichen Web-Clients erzeugte Darstellung unterscheidet sich zum Teil deutlich, sie ist zum einem vom unterstützten Sprachumfang des Web-Clients[289] und von der Betriebssystemplattform (Aussehen der Interaktionselemente) abhängig, zum anderen vom Benutzer über die Einstellungen des Web-Client beeinflußbar (z.B. Schrift- oder Fenstergröße). Eine gute Intranet-Oberfläche sollte dies berücksichtigen und unter möglichst vielen Rahmenbedingungen ansprechend und funktionell gestaltet sein.

- Intranet-Benutzer bedienen ein Programm in einem Web-Client anders als ein herkömmliches Programm. Für sie herrscht in dieser Umgebung das Prinzip des *Browsing* vor, d.h. eine eher intuitiv geleitete und freie Bedienungsweise. Menü- und Maskenfolgen sind im Intranet daher weit weniger vorherbestimmbar als in herkömmlichen Programmen[290]. Durch eine übersichtliche Gestaltung und eine große Zahl von Orientie-

---
287 vgl. beispielsweise Herczeg (1994), S. 114, Stary (1994), S. 307ff. und Balzert (1996), S. 459ff.
288 vgl. Nielsen (1997), S. 1
289 Die ersten Web-Clients konnten zum Beispiel keine Tabellen darstellen.
290 Ein Benutzer kann z.B. an praktisch jeder Stelle im Programm über Bedienungselemente des Web-Browsers zu einem früheren Punkt der Dialoggeschichte zurückspringen.

rungsmöglichkeiten kann eine Intranet-Anwendung diese Bedienungsweise unterstützen.

- Eine Intranet-Anwendung ist kein eigenständiges Programm, sondern Teil eines Ganzen (des Intranet). Benutzer können mit einer einzigen Interaktion die Grenzen einer
Anwendung verlassen und erwarten dennoch eine konsistente Darstellung. Zum Beispiel kann die Auswahl eines Dokumentationsobjekts des BPA auf ein Dokument führen, das in einem Dokumenten-Management-System abgelegt ist. Eine möglichst einheitliche Darstellung der verschiedenen in einem Intranet realisierten Web-
Anwendungen ist daher wünschenswert[291]; die Entwicklung eines Werkzeugs wie des
BPA sollte sich daher an den „Intranet Style Guides" des Unternehmens orientieren.

In gewisser Weise ähnelt die Bedienungsphilosophie von Lotus Notes der einer Intranet-
Anwendung. Auch bei Notes steht das Navigieren in einer Menge von Dokumenten im
Mittelpunkt. Aus diesem Grund ist eine Anwendung realisierbar, die beide Umgebungen
als Präsentationskomponente nutzen kann. Die folgenden Beschreibungen beziehen sich
auf die Präsentation im Web-Client; ein vergleichendes Beispiel für die Darstellung unter
beiden Oberflächen findet sich im Anhang[292]. Auf einige Unterschiede weist Kapitel 7.3
hin.

6.7.1 Bildschirmaufbau

Die durchgängige Gestaltung des Bildschirmaufbaus erleichtert es dem Benutzer zu
erfassen, *wo* er sich im Programm befindet (Orientierungsaspekt) und *was* er in seiner
Dialogsituation tun kann (Funktionsaspekt)[293].

Auf der Benutzungsoberfläche des BPA können zwei Typen von Bildschirmdarstellungen
unterschieden werden: Der *Menübildschirm* und der *Objektbildschirm*. Abbildung 15 stellt
die beiden Varianten dar.

---

291 Ein anerkannter Standard für die Gestaltung von Web-Oberflächen fehlt im Gegensatz zu herkömmlichen Benutzungsschnittstel-
len (z.B. in Form von SAA CUA oder Motif). Vgl. Nielsen (1997), S. 2
292 vgl. Abbildung III im Anhang
293 vgl. Stary (1994), S. 87

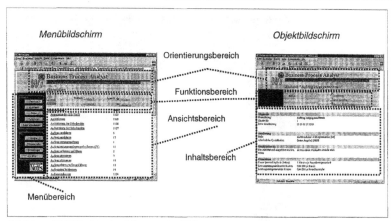

Abbildung 15: Bildschirmdarstellungen des BPA

Sowohl Menü- als auch Objektbildschirm verfügen über ähnliche Gestaltungsmerkmale:

Anhand des *Orientierungsbereichs* erkennt der Benutzer, an welcher Stelle im Programm er sich befindet. Hier wird angezeigt, welche Ansicht[294] oder welches Objekt gerade ausgewählt ist. Der Aufbau der Orientierungsbereichs sollte sich an der Gestaltung des Umfelds orientieren, d.h. die Regeln der Intranet-Präsentation des jeweiligen Unternehmens berücksichtigen.

Der *Funktionsbereich* stellt dem Benutzer die Funktionen zur Verfügung, die in der Dialogsituation möglich sind. Dazu gehören Programmfunktionen im engeren Sinn (neues Objekt anlegen, bearbeiten, löschen), sowie Funktionen zur Navigation und Änderung der Darstellung.

Der Menübildschirm besteht darüber hinaus aus dem eigentlichen *Menübereich* und einem *Ansichtsbereich*, in dem einer Reihe von Objekten gleichen Typs aufgelistet werden.

Im Gegensatz dazu nimmt beim Objektbildschirm die Darstellung des Objektinhalts (*Inhaltsbereich*) breiten Raum ein.

6.7.2 Hauptmenü

Nach dem Aufruf des BPA und der Authentifizierung des Benutzers wird ein Menübildschirm (Abbildung 16) geöffnet.

Im Menübereich wird in allen Menübildschirmen das Hauptmenü angezeigt, so daß dem Benutzer in jeder Ansicht alle Menüfunktionen zur Verfügung stehen. Es faßt unter der Kategorie *Datenbasis* die Funktionen zusammen, die in direktem Zusammenhang mit den in der Notes-Datenbank gespeicherten Prozeßobjekten stehen (Anzeigen, Bearbeiten und Import dieser Objekte). Mit den Schaltflächen *Prozesse*, *Aktivitäten*, *Rollen* und *Ressour-*

---

294 vgl. Kapitel 6.7.3

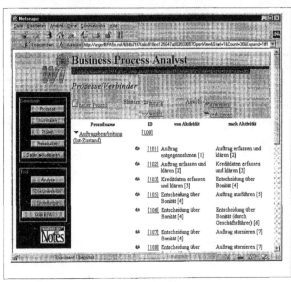

Abbildung 16: Hauptmenü und Ansicht „Prozesse"

cen wählt der Benutzer den Typ der im Ansichtsbereich aufgelisteten Objekte. Unter *Ressourcen* werden dabei die Objekttypen Sachmittel, Mitarbeiter, Organisationseinheit und Qualifikation zusammengefaßt. Der Datenimport aus der relationalen Datenbank wird mit der Schaltfläche *Daten aktualisieren* gestartet.

Unter *Tool* gruppieren sich die Funktionen, die die eigentliche Analysefunktionalität (Schaltfläche *Analyse*) bereitstellen oder die Funktionalität des BPA beeinflussen bzw. beschreiben. So werden unter *Dokumentation* im Ansichtsbereich alle verfügbaren Objekte der Programmdokumentation aufgelistet und die Schaltfläche *Einstellungen* öffnet eine Maske mit den momentanen Einstellungen bzw. Programmoptionen in einem Objektbildschirm. *Über BPA* zeigt die Versionsnummer und weitere Informationen über das Programm an.

6.7.3 Ansichten

Ansichten sind objektspezifisch und werden über das Hauptmenü aktiviert. BPA bietet Ansichten für Prozesse (und deren Verbinder), Aktivitäten, Rollen, Ressourcen und die Dokumentation. Einzelne Objekte werden mindestens durch ihren Namen und ihre ID gekennzeichnet, der Benutzer erhält durch Auswählen eines Objekts Zugriff auf dessen Daten (in einer objektspezifischen Maske[295]).

Dabei bestehen bei zwei Ansichten Besonderheiten:

---

295 vgl. Kapitel 6.7.4

In der *Dokumentationsansicht[296]* werden die Dokumente gemäß den vom Benutzer fest-
gelegten Kategorien gruppiert (z.B. allgemeine Bedienungshinweise, Prototyp-spezifische
Dokumente).

Die *Prozeßansicht[297]* listet auch die zum jeweiligen Prozeß gehörenden Verbinder auf. Sie
können durch Betätigen des vor dem Prozeßnamen eingeblendeten Dreiecksschalters für
jeden Prozeß ein- und ausgeblendet werden, wodurch der Benutzer selektiv die ihm angebotenen Objekte bestimmen kann. Durch die im Funktionsbereich angebotenen Funktionen *Ansicht erweitern* und *Ansicht reduzieren* können alle Verbinderobjekte ein- bzw. ausgeblendet werden.

Der Funktionsbereich jeder Ansicht ermöglicht ferner das Anlegen eines *neuen Objekts*
entsprechenden Typs. Für eine übersichtliche Darstellung werden nur maximal 30
Objekte[298] im Ansichtsbereich dargestellt. Mit den Funktionen *Blättern zurück* und *Blättern
weiter* kann der dargestellte Bereich der Objektliste ausgewählt werden.

6.7.4 Objekt-Masken

Objektmasken werden im Inhaltsbereich eines Objektbildschirms dargestellt. BPA bietet
Objektmasken für Prozesse, Verbinder, Aktivitäten, Rollen und Ressourcen.

Masken werden entweder im Ansichts- oder Bearbeitungsmodus dargestellt. Die Funktion
bearbeiten im Funktionsbereich ermöglicht den Wechsel vom Ansichts- zum Bearbeitungsmodus, in dem die Daten des Objekts verändert werden können. Durch *speichern*
werden die Änderungen in die Notes-Datenbank übernommen, *abbrechen* verwirft sie.
Beide Funktionen führen auf eine Menüansicht (Hauptmenü) zurück. Im Ansichtsmodus
wird dies durch die Funktion *zurück* bewirkt.

Wenn ein Objektattribut auf ein anderes Objekt verweist, wird dem Benutzer bei der Bearbeitung eine Liste der möglichen Objekte zur Auswahl vorgegeben. Abbildung 17 rechts
zeigt dies anhand der Zuordnung einer Rolle zu einer Aktivität.

Im Funktionsbereich wird ferner die Möglichkeit angeboten, ein neues Objekt zu erstellen
oder das dargestellte zu löschen.

Der Inhaltsbereich der Objektmasken ist vertikal in Kategorien gegliedert, in denen
Aspekte des Objekts gruppiert werden. So werden für jedes Objekt dessen Name, ID und
das Datum der letzten Bearbeitung zusammengefaßt.

---

296 vgl. Abbildung IV im Anhang
297 vgl. Abbildung 16
298 abhängig von den Einstellungen des Domino Servers

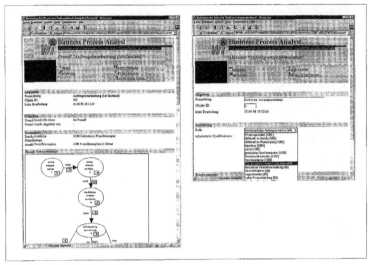

Abbildung 17: Objektmasken

Für die einzelnen Objekttypen existieren die folgenden Kategorien (mit den jeweiligen Attributen):

Prozeß:

- *Prozeßtyp:* Angaben, ob es sich um einen Soll- oder Ist-Prozeß handelt und von welchem Prozeß dieser abgeleitet wurde

- *Kennzahlen:* durchschnittliche Prozeßmenge und Anzahl der Prozeßexemplare pro Monat

- *Prozeß-Dokumentation:* An dieser Stelle können textuelle oder grafische Beschreibungen des Prozesses abgelegt werden, mit denen sich einen Überblick über das Prozeßmodell bereitstellen läßt. Abbildung 17 zeigt, wie eine grafische Modelldarstellung[299] eingebunden wurde.

Verbinder:

- *Allgemein:* Name des Prozesses, zu dem dieser Verbinder gehört

- *Kontext:* Quellen- und Zielaktivität des Verbinders

- *Eigenschaften:* Durchlaufwahrscheinlichkeit und Verbinderdauer (nicht-wertschöpfende Zeit zwischen zwei Aktivitäten)

Aktivität:

- *Ausführung:* der Aktivität zugeordnete Rolle und die für die Ausführung erforderlichen Qualifikationen

- *Synchronisation:* Gibt an, ob die Aktivität ausgeführt wird wenn sie von einem oder von allen eingehenden Verbindern erreicht wird[300].

---

299 Für eine vollständige Darstellung des Prozeßmodells vgl. Abbildung 20
300 vgl. Kapitel 6.4.1

Rolle:

- *Allgemein:* Abteilung, in der die Rolle definiert ist und zugeordnete Sachressourcen

- *Ausführung:* Qualifikationsanforderungen der Rolle und zugeordnete Mitarbeiter

- *Kennzahlen:* Kapazität, Imi und Imn Kosten der Rolle

Für Ressourcen sind keine weiteren Attribute definiert.

6.7.5 Analysemaske

Der Aufruf von Analysen in der Analysemaske (vgl. Abbildung 18 links) vollzieht sich in folgenden Schritten: Der Benutzer wählt zunächst den Analysebereich aus (BPA ist hier noch auf prozeßbezogene Analysen beschränkt). Das System bietet die verfügbaren Objekte in einer Auswahlliste an und der Benutzer bestimmt, welche Objekte analysiert werden sollen[301]. Durch Betätigen der Schaltfläche *Analyse starten* beginnt der eigentliche Analysevorgang.

Wurden die Analyseobjekte erfolgreich eingelesen, können in der in Abbildung 18 rechts dargestellten Maske die Analysekategorien[302] ausgewählt werden, deren Ergebnisse angezeigt werden sollen. Bestimmte Auswertungen fallen in mehrere Kategorien und werden bei der Selektion jeder zutreffenden Kategorie ausgegeben (so wird z.B. die ABC-Analyse der Zeiten unter *Zeitauswertungen* und *Aktivitäten des Prozesses* aufgeführt).

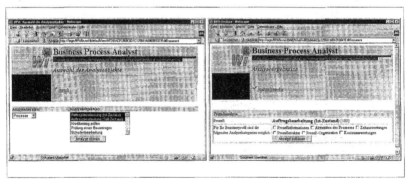

Abbildung 18: Analysemasken (Objektauswahl und Einzelprozeß-Analyse)

Die Darstellung der Analyseergebnisse wird in Kapitel 7.4 anhand eines Beispiels verdeutlicht.

Die Funktion *Analyse beenden* führt zurück in das Hauptmenü.

---

301 An dieser Stelle erfolgt die Festlegung, ob ein Einzelobjekt oder ein Objektvergleich durchgeführt wird.
    Hinweis: Die Auswahl mehrerer Objekte in einer Listbox erfolgt in der Windows-GUI durch Anklicken mit gedrückter Strg-Taste.
302 vgl. Kapitel 6.6.1

6.7.6 Einstellungen

In der Maske *Einstellungen* werden die Betriebsparameter des BPA festgelegt[303]. Diese ergeben sich zum einen aus der Benutzergruppe, der der Anwender zugeordnet ist. Die vom System registrierten Daten eines Intranet-Benutzers werden daher ebenso angezeigt wie dessen Zuordnung zu einem bestimmten Benutzerprofil.

Die zweite Klasse von Einstellungen betrifft das Werkzeug selbst; es kann angegeben werden, welche externe (relationale) Datenbank verwendet wird und wie die Vergabe von Objekt-IDs erfolgt.

---

303 vgl. Abbildung V im Anhang

7. Realisierung des Prototypen

Standen im vorangegangenen Kapitel die Anforderungen an den Business Process Analyst im Mittelpunkt, so sollen nun einige Implementierungsaspekte des Prototypen behandelt werden. Den Abschluß bildet die Demonstration der Prozeßanalysen anhand eines Beispielprozesses.

7.1 Analysealgorithmus

Kern der Analysefunktionalität des Business Process Analyst ist ein Analysealgorithmus, der aus den Daten der einzelnen Prozeßobjekte Werte für den Gesamtprozeß ermittelt. Hierzu gehört insbesondere die Ermittlung von Prozeßdurchlaufzeiten und von Gesamtkosten.

Die Definition der Prozesse in einem Knoten/Kanten-Modell ermöglicht die Anwendung von Graphenalgorithmen[304], deren Einsatz allerdings dadurch erschwert wird, daß in einem Prozeßmodell zwei Typen von Verzweigungen existieren können (Parallel- und Alternativverzweigungen). Die Analyse muß die Unterschiede berücksichtigen: Bei der Ermittlung der Prozeßkosten beispielsweise addieren sich die Kosten parallel ausgeführter Aktivitäten; die Kosten alternativer Aktivitäten finden aber nur dann Berücksichtigung, wenn die Entscheidung auch tatsächlich für die entsprechende Alternative gefallen ist (wenn z.B. eine Fallunterscheidung in Auftragsklassen zu einer Aktivität führt, die nur für Aufträge mit einem Bestellwert von mehr als 50.000 DM durchgeführt werden soll).

Der Analysealgorithmus des BPA berücksichtigt diese Unterschiede, indem das Prozeßmodell vor der eigentlichen Berechnung in eine Darstellung überführt wird, in der nur noch ein Verzweigungstyp vorkommt. Abbildung 19 zeigt diese Transformation.

Der Graph des Prozesses (links) enthält alternative Verzweigungen (dunkle Verbinder) und Parallelitäten (helle Verbinder). Jede Alternativverzweigung im Modell führt zu mehreren Möglichkeiten, welche Aktivitäten ein konkretes Prozeßexemplar beinhalten kann: Wird im Beispiel der Verbinder 1 gewählt, werden im Prozeßverlauf die Aktivitäten E bis H nicht ausgeführt. Das obige Modell enthält zwei Alternativen und führt auf 3 mögliche Aktivitätenfolgen („Prozeßpfade"): die Folgen A B C, A B D und A E [F || G] H, wobei [F || G] die parallele Ausführung von F und G ausdrückt.

---

304 vgl. Wood (1993), S. 463ff.

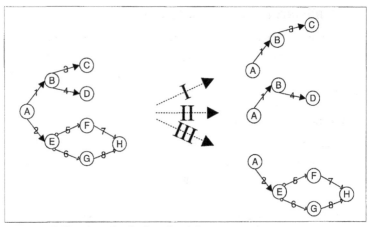

Abbildung 19: Transformation des Prozeßmodells

Der Analysealgorithmus überführt den Prozeßgraphen daher zuerst in die Graphen der möglichen Prozeßpfade (Abbildung 19 rechts), in denen nur noch Parallelverzweigungen vorkommen.

Im eigentlichen Analyseschritt werden dann für die jeweiligen Prozeßpfade die benötigten Kennzahlen bestimmt: Die Pfadgraphen werden in einem Tiefendurchlauf traversiert, wobei ein rekursiver Algorithmus angewendet wird.

Von den ermittelten Werten für die Prozeßpfade wird auf die statistische Gesamtheit aller möglicher Prozeßabläufe geschlossen.

7.2 Programmodule

Bei der Implementierung eines komplexen Softwaresystems ist die Modularisierung ein wichtiges Prinzip der Strukturierung. Die Zusammenfassung logisch oder funktional zusammengehörender Teile in einem Modul kann oft auf der Grundlage der in der Spezifikation vorgenommenen Strukturierung der funktionalen Anforderung erfolgen.

Dieses Prinzip ist in der gewählten Notes-Umgebung nicht durchgängig anwendbar, weil sich die Module eines Notes-Programms an der Struktur der Notes-Datenbank und der darin definierten Elemente orientieren. Bei einfachen, an der Grundfunktionalität von Notes orientierten, Programmen führt dies „wie von selbst" zu einer plausiblen Modulstruktur. Wenn (wie im Fall des BPA) eine Anwendung aus dem üblichen Kontext der Groupware herausfällt, ist die vorgegebene Modulbildung nicht unbedingt angemessen.

Da die Entwicklung des BPA sich an der Notes-Modulstruktur zu orientieren hatte, sollen die Elemente dieser Struktur und ihre Verwendung durch den Prototypen skizziert werden.

Programmcode wird in Lotus Notes den Elementen der Notes-Oberfläche zugeordnet. Dabei handelt es sich (in Anlehnung an die Darstellungselemente des BPA, vgl. Kapitel 6.7.1) um Menüs (*Navigatoren* genannt), *Ansichten* und *Masken*. Der einem Element zugeordnete Code bestimmt dessen Funktionalität (z.b. die Programmaktion, die durch einem Menüpunkt aufgerufen wird oder die Aufbereitung von Daten in einem Maskenfeld). Die Darstellung der Elemente und damit auch die Ausführung des Codes erfolgt durch den Notes-Client.

Innerhalb der Elemente werden Objekte (z.b. Datenfelder oder Schaltflächen) definiert, denen ereignisbezogene Funktionen zugewiesen werden (z.b. der beim Betätigen einer Schaltfläche auszuführende Code).

Da diese strenge Modularisierung beispielsweise keine Funktionen zuläßt, die von mehreren Elementen aufgerufen werden, können derartige Programmteile in *Skriptbibliotheken* abgelegt und von den Notes-Elementen bei Bedarf importiert werden.

Zunächst aus dem Programmierkonzept zu fallen scheinen *Agenten.* Dies sind Programmteile, die regelmäßig oder durch ein Ereignis angestoßen werden (z.b. die Erstellung eines Datenbank-Index) und keinem Element der Notes-Oberfläche direkt zugeordnet sind. Agenten werden durch den Server ausgeführt.

Die vorgestellte Struktur von Notes-Programmen orientiert sich stark an der Funktionalität des Notes-Clients und führt bei der Entwicklung Inter-/Intranet-fähiger Anwendungen zu Problemen. So bietet der Web-Client keine Ausführungsumgebung für (LotusScript-) Code, wodurch auf die eingängige Zuordnung von Programmteilen zu Notes-Elementen verzichtet werden muß. Im Fall des BPA führte dies dazu, daß nahezu der gesamte Code aus den Notes-Elementen entfernt und in Agenten und Skriptbibliotheken abgelegt wurde.

7.3 Aspekte der Intranet-Implementierung

Neben der beschriebenen strukturellen Anpassung des Prototypen erforderte die Intranet-Implementierung des BPA noch eine Reihe weiterer Änderungen und Ergänzungen des Prototypen, um die Benutzung des Programms in Notes und im Intranet möglichst konsistent zu gestalten. Dazu gehören:

· Die von der Oberfläche des Notes-Clients gewohnte Zweiteilung des Bildschirms in einem Menü- und Ansichtsbereich kann – erstmals in Version 4.6 – durch das Konzept der eingebetteten Navigatoren und Ansichten auch im Web-Client realisiert werden. Auf eine Umsetzung mit HTML-Rahmen wurde aus Gründen der Übersicht verzichtet. Als wesentlicher Unterschied der Oberflächenkonzepte bleibt bestehen, daß unter Notes das Programm in mehreren Fenstern dargestellt werden kann (jedes Objekt in einem eigenen Fenster).

· Einige Funktionen des Notes-Clients stehen im Web-Client nicht zur Verfügung. Sie wurden, soweit erforderlich, in BPA selbst implementiert. Die Aufgaben der fehlenden Aktionsleiste werden im Web-Client durch den Funktionsbereich übernommen. Hier wurde auch eine Möglichkeit zum Löschen von Objekten angelegt. Im Unterschied zum Notes-Client kann im Web jedoch immer nur ein Objekt ausgewählt werden.

- Die grafische Aufbereitung der Analyseergebnisse erfolgte im BPA mit den *Lotus Components*. Dies sind Windows-spezifische Komponenten z.B. für die Darstellung von Diagrammen, die von einem Web-Client nicht verwendet werden können. Sie wurden durch Java-Applets ersetzt und sind nun unter beiden Oberflächen einsetzbar (Notes verfügt über eine integrierte virtuelle Maschine[305] für Java).

- In HTML-Formularen ist nur eine sehr eingeschränkte Textgestaltung möglich, die weit hinter den Editierfunktionen von Notes zurückbleibt. Dies betrifft insbesondere die Gestaltung der Prozeßdokumentation (im Prozeßobjekt) und der Dokumentationsobjekte, bei denen nur über den Notes-Client formatierter Text oder Grafiken eingebunden werden können.

Insgesamt konnte in der gegebenen Entwicklungsumgebung eine in hohem Maß übereinstimmende Bedienung unter den beiden Benutzungsoberflächen erzielt werden. Wenn eine Notes-Anwendung wie im Fall des BPA so geändert werden kann, daß ein Großteil der Anwendungslogik auf dem Notes-Server abläuft, bietet Notes gute Möglichkeiten für die Realisierung von Intranet-fähigen Anwendungsprogrammen.

7.4 Analyse anhand eines Beispielprozesses

Die dargestellten Analysekonzepte des Business Process Analyst sollen nun durch ein Beispiel verdeutlicht werden, bei dem ein Prozeß analysiert und einem verbesserten Prozeß gegenübergestellt wird (Ist/Soll-Vergleich).

7.4.1 Ist-Prozeß

Der Beispielprozeß stellt einen Ausschnitt aus der Auftragsbearbeitung eines (fiktiven) Unternehmens dar, das Elektrogeräte produziert und vertreibt[306]. Er umfaßt den Eingang eines Auftrags bis zur Entscheidung, ob der Auftrag ausgeführt werden soll oder nicht. Abbildung 20 zeigt den Prozeß „Auftragsbearbeitung (Ist-Zustand)", wie er im BPA-Prozeßobjekt dokumentiert ist.

In dieser grafischen Notation repräsentieren die Angaben in den Kästchen die wertschöpfenden Zeiten (Zeitangabe bei Aktivitäten) und nicht-wertschöpfenden Zeiten (Zeitangaben bei Verbindern). Die genauen Daten des Prozesses gehen aus dem Anhang[307] hervor.

Der Auftrag wird zunächst von einem Mitarbeiter der Auftragsannahme entgegengenommen und in der Vertriebsabteilung in einem IV-System erfaßt. Im Zuge der Erfassung werden Unklarheiten über den Auftrag mit dem Kunden beseitigt. In der Kreditprüfung werden die hierfür relevanten Daten in einem Formular erfaßt und bei Bedarf mit dem Kunden oder einer Bankauskunft geklärt. Die Entscheidung über die Bonität (und somit über die

---

305 vgl. Kapitel 3.2.3.1
306 vgl. Heilmann u.a. (1997), S. 72
307 vgl. Seite XIII

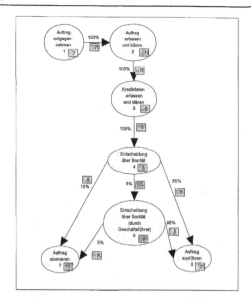

Abbildung 20: Auftragsbearbeitung (Ist-Zustand)

Ausführbarkeit des Auftrags) obliegt dem Leiter der Finanzabteilung, in Ausnahmefällen wird sie auch vom Geschäftsführer vorgenommen.

Abbildung 21: Analyse des Beispielprozesses „Auftragsbearbeitung (Ist-Zustand)"

Mit BPA kann dieser Prozeß analysiert werden. Abbildung 21 zeigt die Darstellung der Prozeßinformationen; die weiteren Analyseergebnisse sind im Anhang wiedergegeben.

Insgesamt wird einem Benutzer der hohe Anteil nicht-wertschöpfender Zeiten auffallen. Auch die Aufteilung der Aktivitäten auf die verschiedenen Rollen und die Einbeziehung des Geschäftsführers ist nicht optimal.

7.4.2 Soll-Prozeß und Prozeßvergleich

In diesem zweiten Prozeß sollen, ausgehend vom Ist-Zustand, einige Veränderungen vorgenommen werden, wie sie typischerweise im Zuge eines Business Process Reengineering durchgeführt werden:

Parallelisierung von Aktivitäten: Zwischen „Kreditdaten prüfen und klären" und „Auftragsdaten prüfen und klären" besteht keine inhaltliche und organisatorische Abhängigkeit, so daß diese Aktivitäten parallel ausgeführt werden können.

Erhöhung der Kompetenzen von Sachbearbeitern durch klare Definition von Standardfällen: Waren im Ist-Zustand 2-3 Rollen an der Bonitätsprüfung beteiligt, so lassen sich die Bearbeitungsschritte dadurch reduzieren, daß die Entscheidung über die Auftragsannahme dem Kreditsachbearbeiter in Standardfällen übergeben wird. Nur in Sonderfällen (z.B. bestimmtes Auftragsvolumen wird überschritten) wird der Leiter der Finanzabteilung herangezogen.

Prozeßunterstützung durch IV: Die Transportzeiten zwischen den einzelnen Aktivitäten können z.B. durch den Einsatz eines WFMS deutlich verkürzt werden. Werkzeuge zur Entscheidungsunterstützung können einzelne Aktivitäten beschleunigen. Durch ein integriertes IV-System entfallen Mehrfacherfassung und Medienbrüche.

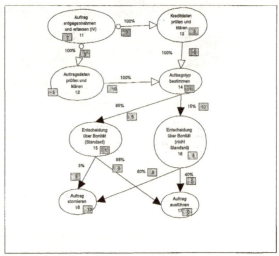

Abbildung 22: Auftragsbearbeitung (Soll-Zustand)

Abbildung 22 zeigt den verbesserten Prozeß.

Parallelverzweigungen und -zusammenführungen wurden durch helle Verbinderenden gekennzeichnet.

Mit dem Business Process Analyst kann dieser verbesserte Prozeß nun dem Ausgangs- zustand gegenübergestellt werden. Abbildung 23 zeigt dies für die Prozeßinformationen; Kosten- und Zeitvergleich befinden sich im Anhang.

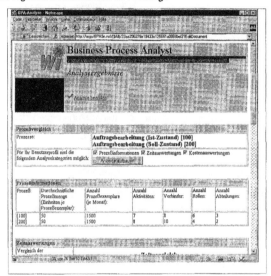

Abbildung 23: Vergleich der Beispielprozesse

Auffallend ist die geringere Anzahl beteiligter Rollen und Abteilungen sowie die rapide Verkürzung der Durchlaufzeit und die möglichen Kosteneinsparungen.

8. Zusammenfassung und Ausblick

In diesem Kapitel werden die wichtigsten Ergebnisse noch einmal zusammengestellt und Perspektiven des behandelten Themenkomplexes für die zukünftige Entwicklung aufgezeigt.

Viele Unternehmen haben erkannt, daß die Sicherung ihrer Zukunft in hohem Maße von einer effizienten und kundenorientierten Geschäftsabwicklung abhängt. Indem sie die Geschäftsprozesse in den Mittelpunkt ihres Interesses stellen, gelangen Konzepte wie Business Process Reengineering und die kontinuierliche Prozeßverbesserung zum Durchbruch. Sie finden ihren Ausdruck in einer ganzheitlich zu sehenden Unterstützung der Geschäftsprozesse durch das Prozeßmanagement.

Für die technische Umsetzung dieser Unterstützung bieten sich informationstechnische Lösungen in Form von Workflow-Management-Systemen an. Es wurde gezeigt, daß diesen Systemen aufgrund zweier Faktoren der Durchbruch in der Praxis bisher verwehrt blieb: Zum einen bestehen immer noch große Probleme bei der Integrationsfähigkeit dieser Systeme in heterogene IV-Landschaften, zum anderen gehen ihre Funktionen oft kaum über eine mechanistische Steuerung von Prozessen hinaus und lassen weite Gestaltungsbereiche des Prozeßmanagements unberücksichtigt.

Auf der anderen Seite beginnt sich mit der Intranet-Technik eine Plattform in Unternehmen zu etablieren, die in hohem Maß zu einer Integration von IV-Systemen beitragen kann. Die Möglichkeit, unternehmensweite Geschäftsprozesse im Intranet zu unterstützen, ist eine logische Konsequenz aus dem Potential dieser Technologie. Anhand der Integrationsdimensionen Workflow-Management-Zyklus, Workflow-Management-Reichweite und Ressourcenintegration wurde gezeigt, daß Prozeßmanagement im Intranet durch sämtliche der von dieser Plattform angebotenen Anwendungsformen unterstützt werden kann.

Für die eigentliche Steuerung von Arbeitsabläufen wurden Modelle eingeführt, wie Workflow-Management-Systeme im Intranet realisiert werden können. Diese Modelle wurden anhand kommerzieller Systeme veranschaulicht.

Prozeßanalysen werden durch WFMS immer noch sehr stiefmütterlich behandelt. Dies verwundert, da Analysen im Zuge der prozeßorientierten Unternehmensgestaltung für Mitarbeiter auf allen Ebenen an Bedeutung gewinnen. Ein bewußter Umgang mit den Ressourcen des Unternehmens erfordert daher die Verfügbarkeit von Informationen über die Abläufe im Unternehmen. Konventionelle Analysesysteme waren meist auf die Bedürfnisse des Top-Managements zugeschnitten und verfügten über ähnliche technische und organisatorische Probleme wie WFMS. Die Realisierung eines Analysesystems, das mit einem Workflow-Management-System integriert ist und auf der Intranet-Plattform basiert, kann Prozeßanalysen optimal unterstützen und die Verbreitung des Gedankens der Prozeßorientierung fördern.

In diesem Zusammenhang wurde das Analysewerkzeug Business Process Analyst entwickelt, das durch die Aufbereitung der Daten eines WFMS in gängigen Kennzahlen Prozeßanalysen unterstützt. Die Funktionalität des Werkzeugs konnte vollständig in einer Intranet-Umgebung umgesetzt werden, wodurch sich anfängliche Zweifel an der Eignung von Lotus Notes für eine solche Anwendung ausräumen ließen.

Intranets haben – trotz aller Skepsis gegenüber derartigen Modevokabeln – offensichtlich das Potential, sich zu einem wichtigen Aspekt der IV in Unternehmen zu entwickeln. Durch die breite Unterstützung durch Hersteller von IV-Systemen könnte diese Plattform gar in Zukunft zu einer nahezu selbstverständlichen IV-technischen Einrichtung werden.

Angesichts der Möglichkeiten, die sich durch die Weiterentwicklung der Intranet-Technologie ergeben (Stichwort Middleware, Software-Komponenten und Business Objects), stellt der Business Process Analyst noch eine sehr einfache Art von Intranet-Anwendung dar. Wenn sich aber Workflow-Management-Funktionalität in Zukunft zu einem wichtigen Bestandteil von Middleware entwickelt, kann ein integriertes Analysewerkzeug einen wichtigen Beitrag für die nahtlose Unterstützung eines umfassenden Prozeßmanagements leisten.

Es kann daher damit gerechnet werden, daß Hersteller von Systemen zur Prozeßunterstützung die mit Business Process Analyst verfolgten Ziele aufgreifen und entsprechende Möglichkeiten in ihre Systeme integrieren.

Anhang

Beispiele für prozeßbezogene Kennzahlen[i]

Zeit	Qualität	Kosten	Mengen	andere
• minimale, maximale, durchschnittliche Durchlaufzeit • Quote von Prozeßexemplaren mit einer Durchlaufzeit oberhalb eines Schwellenwertes • Termineinhaltungsquote • Anzahl Terminüberschreitungen • Mehrarbeitsquote • Anzahl ungeplanter Überstunden • minimale, maximale, durchschnittliche Bearbeitungszeit • minimale, maximale, durchschnittliche Liege-/Wartezeit	• Reklamationsquote • Anteil zufriedener Kunden • Output-Fehlerquote • Fehlerquote pro Aktivität • Häufigkeit bestimmter Fehlerarten • Nachbearbeitungsquote • Anzahl von Prozeßabbrüchen	• Prozeßkosten (insgesamt/pro Prozeßexemplar) • Imi/Imn Kosten (insgesamt/pro Prozeßexemplar) • Kosten einzelner Aktivitäten (insgesamt/pro Prozeßexemplar) • Personalkosten (insgesamt/pro Prozeßexemplar) • IV-Kosten (insgesamt/pro Prozeßexemplar)	• Anzahl der bearbeiteten Prozeßexemplare (in einem best. Zeitraum) • Anteil verschiedener Leistungsarten an der Anzahl Prozeßexemplare • Anteil von Ad-hoc-Änderungen • Anteil manuell zu bearbeitender Prozeßexemplare	• Anzahl der Aktivitäten pro Prozeß • Zahl der beteiligten Akteure/Abteilungen • Qualifikationsanforderungen einer Aktivität • Qualifikationsprofil eines Akteurs • Auslastung von Rollen/Akteur • Auslastung von IV-Systemen

Abbildung I: Beispiele für prozeßbezogene Kennzahlen

i   vgl. Bach u.a. (1995), S. 286, Derszteler (1996), S. 598 und Jablonski u.a. (1997), S. 205

Datenmodell und Attribute der relationalen Datenbank

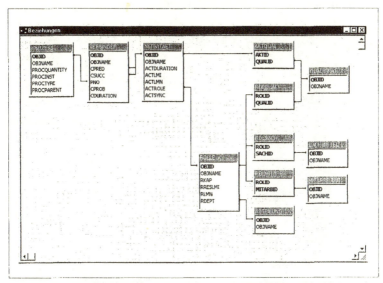

Abbildung II: Datenmodell und Attribute der relationalen Datenbank (aus Microsoft Access)

Primärschlüssel sind fett dargestellt.

Fremdschlüsselbeziehungen werden durch Konnektoren wiedergegeben.

Die einzelnen Feldbezeichnungen stehen für:

• ObjID	in der Datenbank eindeutige Nummer des Objekts
• ObjName	Bezeichnung des Objekts
• ProcQuantity	durchschnittliche Prozeßmenge
• ProcInst	durchschnittliche Zahl Prozeßexemplare pro Monat
• ProcType	Typkennzeichnung des Prozesses
• ProcParent	ID des Prozesses, von dem dieser abgeleitet wurde
• CPred	ID der Vorgängeraktivität
• CSucc	ID der Nachfolgeraktivität
• PNo	ID des Prozesses
• CProb	Übergangswahrscheinlichkeit
• CDuration	Dauer (nicht-wertschöpfende Zeit)
• ActDuration	Dauer (wertschöpfende Zeit)
• ActLmi	lmi Kosten der Aktivität
• ActLmn	lmn Kosten der Aktivität
• ActRole	der Aktivität zugeordnete Rolle
• ActSync	Synchronisationskenzeichen
• RKap	Kapazität der Rolle
• RresLmi	lmi Kosten der Rolle
• RLmn	lmn Kosten der Rolle
• RDept	Abteilung der Rolle
• AktID	ID einer Aktivität
• QualID	ID einer Qualifikation
• RollID	ID einer Rolle
• SachID	ID einer Sachressource
• MitarbID	ID eines Mitarbeiters

BPA unter zwei Benutzungsoberflächen

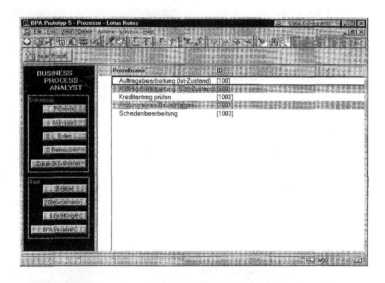

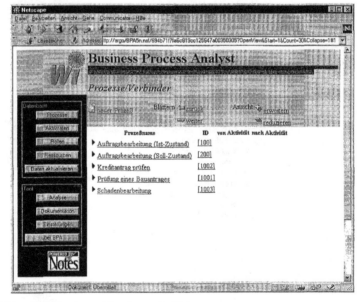

Abbildung III: BPA unter zwei Benutzungsoberflächen

Ansicht „Dokumentation"

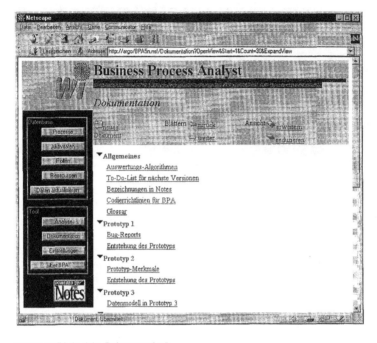

Abbildung IV: Ansicht „Dokumentation"

BPA-Einstellungen

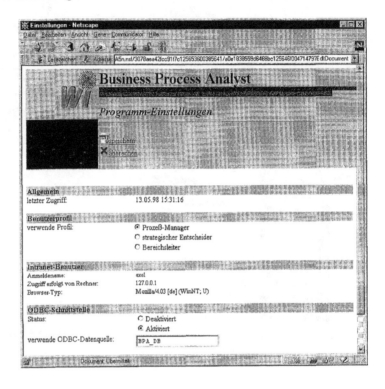

Abbildung V: BPA-Einstellungen

Daten des Beispielprozesses (Ist-Zustand)

Die folgenden Tabellen geben die Details des Prozesses „Auftragsbearbeitung (Ist-Prozeß)" wieder.

Aktivität	ID	ausführende Rolle	Synchronisation
Auftrag entgegennehmen	1	Sachbearbeiter Auftragsannahme	nein
Auftrag erfassen und klären	2	Mitarbeiter Vertriebsverwaltung	nein
Kreditdaten erfassen und klären	3	Kreditsachbearbeiter	nein
Entscheidung über Bonität	4	Leiter Finanzabteilung	nein
Auftrag ausführen	5	Lagerverwalter	nein
Entscheidung über Bonität (durch Geschäftsführer)	6	Geschäftsführer	nein
Auftrag stornieren	7	Sachbearbeiter Auftragsannahme	nein

Rolle	ID	Imi-Kosten (DM/h)	Imn-Kosten (DM/ Inanspruchnahme)	Kapazität (h/Monat)
Sachbearbeiter Auftragsannahme	44	50	1	154
Mitarbeiter Vertriebsverwaltung	45	60	1,5	154
Kreditsachbearbeiter	99	50	1	154
Leiter Finanzabteilung	63	120	1	154
Geschäftsführer	48	160	2	154
Lagerverwalter	50	50	2	154

Lmi- und lmn- Kosten für Aktivitäten wurden nicht definiert.

Für die nicht-wertschöpfenden Zeiten wurden folgende Annahmen getroffen:

· innerhalb einer Rolle: Transportzeit 0 min., Liegezeit 5 min.
· zwischen Rollen: Transportzeit 60 min., Liegezeit 10 min.
· zum Geschäftsführer: Transportzeit 60 min., Liegezeit 60 min.

Analyseergebnisse des Beispielprozesses (Ist-Zustand)

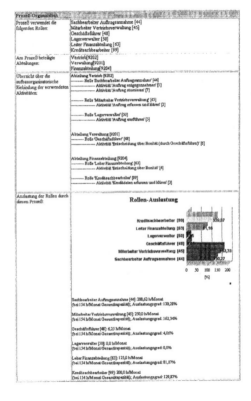

Prozeßstruktur	
Startaktivität:	Auftrag entgegennehmen [1]
2 mögliche Endaktivitäten:	Auftrag ausführen [5] (89,75 %) Auftrag stornieren [7] (10,25 %)
Verzweigungstypen bei den Aktivitäten:	Auftrag entgegennehmen [1]: Sequenz Auftrag erfassen und klären [2]: Sequenz Kreditdaten erfassen und klären [3]: Sequenz Entscheidung über Bonität [4]: Verzweigung Auftrag ausführen [5]: Prozeßende Entscheidung über Bonität (durch Geschäftsführer) [6]: Verzweigung Auftrag stornieren [7]: Prozeßende
Innerhalb des Prozesses sind folgende Pfade möglich (mit der jeweiligen Pfad-Wahrscheinlichkeit):	**Pfad-Wahrscheinlichkeiten** 1.Pfad: 1 2 3 4 5 (85,0%) 2.Pfad: 1 2 3 4 6 7 (0,25%) 3.Pfad: 1 2 3 4 7 (10,0%) 4.Pfad: 1 2 3 4 6 5 (4,75%)

Prozeß-Organisation	
Prozeß verwendet die folgenden Rollen:	Sachbearbeiter Auftragsannahme [44] Mitarbeiter Vertriebsverwaltung [45] Geschäftsführer [48] Lagerverwalter [50] Leiter Finanzabteilung [63] Kreditsachbearbeiter [99]
Am Prozeß beteiligte Abteilungen:	Vertrieb [9202] Verwaltung [9201] Finanzabteilung [9204]
Übersicht über die aufbauorganisatorische Einbindung der verwendeten Aktivitäten:	Abteilung Vertrieb [9202] ---- Rolle 'Sachbearbeiter Auftragsannahme' [44] ---- Aktivität 'Auftrag entgegennehmen' [1] ---- Aktivität 'Auftrag stornieren' [7] ---- Rolle 'Mitarbeiter Vertriebsverwaltung' [45] ---- Aktivität 'Auftrag erfassen und klären' [2] ---- Rolle 'Lagerverwalter' [50] ---- Aktivität 'Auftrag ausführen' [5] Abteilung Verwaltung [9201] ---- Rolle 'Geschäftsführer' [48] ---- Aktivität 'Entscheidung über Bonität (durch Geschäftsführer)' [6] Abteilung Finanzabteilung [9204] ---- Rolle 'Leiter Finanzabteilung' [63] ---- Aktivität 'Entscheidung über Bonität' [4] ---- Rolle 'Kreditsachbearbeiter' [99] ---- Aktivität 'Kreditdaten erfassen und klären' [3]
Auslastung der Rollen durch diesen Prozeß:	**Rollen-Auslastung** (bar chart) Sachbearbeiter Auftragsannahme [44]: 200,63 h/Monat (bei 154 h/Monat Gesamtkapazität); Auslastungsgrad: 130,28% Mitarbeiter Vertriebsverwaltung [45]: 250,0 h/Monat (bei 154 h/Monat Gesamtkapazität); Auslastungsgrad: 162,34% Geschäftsführer [48]: 6,25 h/Monat (bei 154 h/Monat Gesamtkapazität); Auslastungsgrad: 4,06% Lagerverwalter [50]: 0,0 h/Monat (bei 154 h/Monat Gesamtkapazität); Auslastungsgrad: 0,0% Leiter Finanzabteilung [63]: 125,0 h/Monat (bei 154 h/Monat Gesamtkapazität); Auslastungsgrad: 81,17% Kreditsachbearbeiter [99]: 200,0 h/Monat (bei 154 h/Monat Gesamtkapazität); Auslastungsgrad: 129,87%

Abbildung VI: Analyseergebnisse des Beispielprozesses „Auftragsbearbeitung (Ist-Zustand)" (1)

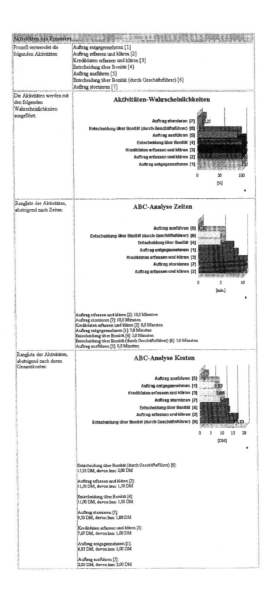

Abbildung VII: Analyseergebnisse des Beispielprozesses „Auftragsbearbeitung (Ist-Zustand)" (2)

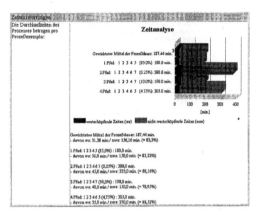

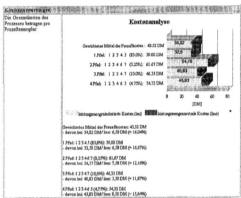

Abbildung VIII: Analyseergebnisse des Beispielprozesses „Auftragsbearbeitung (Ist-Zustand)" (3)

Daten des Beispielprozesses (Soll-Zustand)

Dieser Prozeß verwendet die selben Rollen wir der Prozeß des Ist-Zustands. Für die Aktivitäten werden folgende Daten zugrunde gelegt:

Aktivität	ID	ausführende Rolle	Synchronisation
Auftrag entgegennehmen und erfassen (IV)	11	Sachbearbeiter Auftragsannahme	nein
Auftragsdaten prüfen und klären	12	Sachbearbeiter Auftragsannahme	nein
Kreditdaten prüfen und klären	13	Kreditsachbearbeiter	nein
Auftragstyp bestimmen	14	Kreditsachbearbeiter	ja
Entscheidung über Bonität (Standard)	15	Kreditsachbearbeiter	nein
Entscheidung über Bonität (nicht Standard)	16	Leiter Finanzabteilung	nein
Auftrag ausführen	17	Lagerverwalter	nein
Auftrag stornieren	18	Sachbearbeiter Auftragsannahme	nein

Für die nicht-wertschöpfenden Zeiten wurden folgende Annahmen getroffen:

· innerhalb einer Rolle: Transportzeit 0 min., Liegezeit 5 min.

· zwischen Rollen: Transportzeit 0 min., Liegezeit 10 min.

Analyseergebnisse des Beispielprozesses (Soll-Zustand)

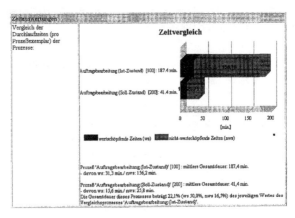

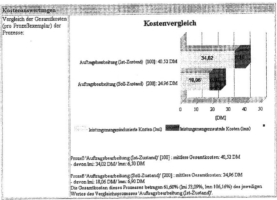

Abbildung IX: Analyseergebnisse des Beispielprozesses „Auftragsbearbeitung (Soll-Zustand)"

Literaturverzeichnis

Aichele, C., Kirsch, J. (1995), Geschäftsprozeßanalyse auf Basis von Kennzahlensystemen, in: Management & Computer, 3, 1995, 2, S. 123 – 132

Alpar, P., Pickerodt, S. (1998), Electronic Commerce im Internet – ein Überblick, in: Industrie Management, 14, 1998, 1, S. 34 – 40

Altmann, J. (1998), Intranet-Anwendungen mit dem Lotus Domino Server: Die Realisierer sind immer die Dummen, in: Client Server Computing, 1998, 1, S. 36 – 40

Bach, V., Brecht, L., Österle, H. (1995), Workflow-Systeme und BPR-Tools in der Führung von Geschäftsprozessen, in: Management & Computer, 3, 1995, 4, S. 285 – 289

Bach, V., Lotzer, H.-J., Österle, H. (1998), Von Standardsoftware zum integrierten Dokumenten-Management, in: Industrie Management, 14, 1998, 1, S. 29 – 33

Balzert, H. (1996), Lehrbuch der Software-Technik; Software-Entwicklung, Heidelberg, Berlin u.a. 1996

Becker, J., Vossen, G. (1996), Geschäftsprozeßmodellierung und Workflow-Management: Eine Einführung, in: Becker, J., Vossen, G. (Hrsg., 1996), S. 17 – 26

Becker, J., Vossen, G. (Hrsg., 1996), Geschäftsprozeßmodellierung und Workflow-Management, Bonn, Albany u.a. 1996

Becker, M., Vogler, P., Österle, H. (1998), Workflow-Management in betriebswirtschaftlicher Standardsoftware, in: http://www.wirtschaftsinformatik.de/wi/preprints/becker_et_al.pdf (3.2.98)

Benn, W., Gringer, I. (1998), Zugriff auf Datenbanken über das World Wide Web, in: Informatik Spektrum, 21, 1998, 1, S. 1 – 8

Bertram, M. (1996), Workflow-Management – Konzept für Integration und Architekturbereinigung unter Berücksichtigung von Internet/Intranet, in: Diebold (1996), S. 41 – 55

Brenner, W. (1994), Grundzüge des Informationsmanagements, Berlin, Heidelberg u.a., 1994

Casselberry, R. (1997), Das perfekte Internet, München 1997

Clauss, W., Trunzer, T., Hahn, T. (1997), Module zur Kopplung von Workflow- und Groupware-Systemen zur Unterstützung von wenigstrukturierten Teilprozessen, Forschungsbericht Software-Labor Universität Stuttgart, Stuttgart 1997

Deiters, W., Gruhn, V., Stiemer, R. (1995), Der FUNSOFT-Ansatz zum integrierten Geschäftsprozeßmanagement, in: Wirtschaftsinformatik, 37, 1995, 5, S. 459 – 466

Derszteler, G. (1996), Workflow Management Cycle. Ein Ansatz zur Integration von Modellierung, Ausführung und Bewertung workflowgestützter Geschäftsprozesse, in: Wirtschaftsinformatik, 38, 1996, 6, S. 591 – 600

Diebold (1996), Dokumentation Diebold Technologie-Forum '96: Internet/Intranet-Technologien – Gestaltungsfaktoren der neuen Unternehmens-IT, Eschborn 1996

Döge, M. (1997), Intranet: Einsatzmöglichkeiten, Planung, Fallstudien, Köln 1997

Finkeißen, A., Forschner, M., Häge, M. (1996), Werkzeuge zur Prozeßanalyse und -optimierung. Ergebnisse einer Studie zur Bewertung unter betriebswirtschaftlichen Gesichtspunkten, in: Controlling, 1996, 1, S. 58 – 67

Fries, S., Seghezzi, H. D. (1994), Entwicklung von Meßgrößen für Geschäftsprozesse, in: Controlling, 1994, 6, S. 338 – 345

Gaitanides, M. (1983), Prozeßorganisation: Entwicklung, Ansätze und Programme prozeßorientierter Organisationsgestaltung, München 1983

Gaitanides, M., Scholz, R., Vrohlings, A., Raster, M. (Hrsg., 1994), Prozeßmanagement. Konzepte, Umsetzungen und Erfahrungen des Reenginering. München und Wien 1994

Graf, P. (1997), Komponenten in betriebswirtschaftlicher Standardsoftware: Das Business Framework der SAP, in: HMD 34, 1997, 197, S. 62 – 75

Groffmann, H.-D. (1992), Kennzahldatenmodell (KDM) als Grundlage aktiver Führungsinformationssysteme, in: Rau/Stickel (Hrsg., 1992), S. 1 – 29

Groffmann, H.-D. (1997), Das Data Warehouse Konzept, in: HMD, 34, 1997, 195, S. 8 – 16

Haas, R., Ziegelbauer, H. (1997), Sicherheit bei Intranet-Internet Kommunikationsanbindungen, in: HMD 34, 1997, 196, S. 51 – 65

Hammer, M., Champy, J. (1994), Business Reengineering – Die Radikalkur für das Unternehmen, Frankfurt, New York 1994

Hammer, M., Stanton, S.A. (1995), Die Reengineering Revolution: Handbuch für die Praxis, Frankfurt New York 1995

Hasenkamp, U., Syring, M. (1994), CSCW. Informationssysteme für dezentrale Unternehmensstrukturen, Bonn 1994

Heilmann, H. (1994), Workflow-Management: Integration von Organisation und Informationsverarbeitung, in: HMD 31, 1994, 176, S. 8 – 21

Heilmann, H. (1996), Die Integration der Aufbauorganisation in Workflow-Management-Systeme, in: Heilmann u.a. (Hrsg., 1996), S. 147 – 166

Heilmann, H., Bauder, P., Knoll, M., Merten, S., Stapf, W. (1997), Business Process Analyst – Konzeption, Prototyp und Weiterentwicklung, Forschungsbericht Software-Labor Universität Stuttgart, Stuttgart 1997

Heilmann, H., Heinrich, L. J., Roithmayr, F. (Hrsg., 1996), Information Engineering, München und Wien 1996

Heinl, P., Schuster, H. (1996), Towards a Highly Scaleable Architecture for Workflow Management Systems, in: Proceedings DEXA Workshop 1996 Zürich, S. 439-444

Heinrich, L. J. (1996), Information Engineering – eine Synopse, in: Heilmann u.a. (Hrsg., 1996), S. 17 – 34

Heinrich, L. J., Roithmayr, F. (1992), Wirtschaftsinformatik-Lexikon, 4. Auflage, München und Wien 1992

Herczeg, M. (1994), Software-Ergonomie: Grundlagen der Mensch-Computer-Kommunikation, Bonn, München et. al. 1994

Heß, H. (1998), Abläufe im Visier, in: Client Server Computing, 1998, 2, S. 56 – 57

Hills, M. (1997), Intranet as Groupware, New York, Chichester u.a. 1997

Hinterholzer, S. (1997), Organisatorische Aspekte der Telematik, in: Höller u.a. (Hrsg., 1997), S. 205 – 225

Höller, J., Pils, M., Zlabinger, R. (Hrsg., 1997), Internet und Intranet: betriebliche Anwendungen und Auswirkungen, Berlin, Heidelberg u.a. 1997

IBM (1998), IBM Internet Connection for FlowMark, in: http://service.software.ibm.com/dl/flowmark/exmp5-dl.htm (16.3.98)

Jablonski, S. (1995), Workflow-Management-Systeme: Motivation, Modellierung, Architektur, in: Informatik Spektrum, 18, 1995, S. 13 – 24

Jablonski, S., Böhm, M., Schulze, W. (Hrsg., 1997), Workflow-Management: Entwicklung von Anwendungen und Systemen; Facetten einer neuen Technologie, Heidelberg 1997

Jablonski, S., Stein, K. (1995), Die Eignung objektorientierter Analysemethoden für das Workflow-Management, in: HMD, 32, 1995, 185, S. 95 – 115

Jahnke, B., Groffmann, H.-D., Kruppa, S. (1996), On-Line Analytical Processing (OLAP), in: Wirtschaftsinformatik, 38, 1996, 3, S. 321 – 324

Kerschbaumer, B. (1997), Internet und Intranet – Grundlagen und Dienste, in: Höller u.a. (Hrsg., 1997), S. 3 – 34

Kieser, A., Kubicek, H. (1992), Organisation, 3. Auflage, Berlin, New York u.a. 1992

Knut, D. (1997), Intranet: Fakten – Hintergründe – praktischer Einsatz, München und Wien 1997

König, W. (Hrsg., 1996), Wirtschaftsinformatik '95 – Wettbewerbsfähigkeit, Innovation, Wirtschaftlich - keit, Heidelberg 1996

Kurbel, K. (1998), Nutzeffekte und Hemmnisse der Internet-Nutzung durch deutsche Unternehmen, in: Industrie Management, 14, 1998, 1, S. 9 – 13

Kurbel, K., Nenoglu, G., Schwarz, C. (1997), Von der Geschäftsprozeßmodellierung zur Workflowspe- zifikation – Zur Kompatibilität von Modellen und Werkzeugen, in: HMD, 34, 1997, 198, S. 66 – 82

Kyas, O. (1997), Corporate Intranets: Strategie, Planung, Aufbau, Bonn 1997

Lackes, R. (1998), Intranets als Teil betrieblicher Informationssysteme, in: Industrie Management, 14, 1998, 1, S. 56 – 60

Lamla, J. (1995), Prozeßbenchmarking, München, 1995

Leymann, F., Roller, D. (1997), Workflow-based applications, in: IBM Systems Journal, 36, 1997, 1, http://www.almaden.ibm.com/journal/sj/361/leymann.html (16.3.98)

Limberg, A. (1998), Entscheidungsfindung übers Web: Mit Business Intelligence Werkzeugen ins Inter- net, in: Client Server Computing, 1998, 6, S. 57 – 58

Lotus (1997), Developing Web Applications Using Lotus Notes Designer for Domino 4.6, in: http://193.164.160.162/ldw.nsf/Data/Document1522 (11.2.98)

McGuiness, C. (1998), Willkommen auf der Schattenseite des Internets, in: Client Server Computing, 1998, 5, S. 65 – 68

Merten, S. (1997), Integration der Kostenrechnung in ein Workflow-Management-System, Diplomarbeit Universität Stuttgart, Stuttgart, 1997

Mertens, P., Griese, J. (1991), Integrierte Informationsverarbeitung 2; Planungs- und Kontrollsysteme in der Industrie, 6. Auflage, Wiesbaden 1991

Mertens, P., Morschheuser, S., Raufer, H. (1994), Beitrag eines Workflow-Management-Systems zur Integration von Daten- und Dokumentenverarbeitung, in: HMD, 31, 1994, 176, S. 45 – 59

Mohan, C. (1998), Recent Trends in Workflow Management Products, Standards and Research, in: http://www.almaden.ibm.com/cs/exotica/wfnato97.ps (16.3.1998)

Mucksch, H., Holthuis, J., Reiser, M. (1996), Das Data Warehouse Konzept – ein Überblick, in: Wirt- schaftsinformatik, 38, 1996, 4, S. 421 – 433

Nielsen, J. (1997), The Differences between Web Design and GUI Design, in: http://www.useit.com/alertbox/9705a.html (12.3.98)

Novacek, A. (1997), Sicherheitsaspekte der elektronischen Datenkommunikation, in: Höller u.a. (Hrsg., 1997), S. 247 – 288

o.V. (1998), SAP: Ab 2000 nur noch Windows- und Java-GUIs, in: SAPlement, Verlegerbeilage Client Server Computing 1998, 1, S. 11

Orfali, R., Harkey, D., Edwards, J. (1997), The Web is in trouble. CORBA and Java are out to save it, in: Byte Magazine, 1997, 10, http://www.byte.com/art/9710/sec6/art3.htm (12.3.98)

Österle, H. (1995), Business Engineering: Prozeß- und Systementwicklung, 2. Auflage, Berlin, Heidel- berg u.a. 1995

Peter, J., Vollmer, M., Stripf, W. (1997), IBM San Francisco – Anwendungsentwicklung mit Java- Geschäftsprozeß-Komponenten, in: HMD, 34, 1997, 197, S. 76 – 90

Pils, M., Zlabinger, M. (1997), Regionale Informations- und Kommunikationssysteme gezeigt am Bei- spiel der ländlichen Region Wandviertel, in: Höller u.a. (Hrsg., 1997), S. 107 – 127

Rau, K.-H., Stickel, E. (Hrsg., 1992), Daten- und Funktionsmodellierung, Wiesbaden, 1992

Rechkemmer, K. (1997), A cross-cultural view of executive support systems, in: Wirtschaftsinformatik, 39, 1997, 2, S. 147 – 154

Reuter, B. (1995), Vernetzte administrative Inseln. Prozeßorientierte Ablauf- und Aufbauorganisation, Wiesbaden, 1995

Rohloff, M. (1996), Integrierte Informationssysteme durch Modellierung von Geschäftsprozessen, in: König (Hrsg., 1996), S. 83 – 97

SAP (1998a), SAP Business Workflow – A Recipe for Success: Flexible Evolutionary Business Processes, in: http://www.sap.com/products/bpt/workflow/media/pdf/50014855.pdf (7.4.98)

SAP (1998b), ROI for Intranet Applications, in: http://www.sap.com/internet/roi.htm (7.4.98)

Scharf, T. (1995), Architekturen und Technologien verteilter Objektsysteme – Eine Einführung, in: HMD, 32, 1995, 186, S. 10 – 30

Scheer, A.-W. (1995), Wirtschaftsinformatik; Referenzmodelle für industrielle Geschäftsprozesse, Berlin, Heidelberg u.a. 1995

Schneider, U. H. (1995), Workflows in Process – Geschäftsprozesse entdecken das Team, in: HMD, 32, 1995, 186, S. 105 – 114

Scholz, R., Vrohlings, A. (1994), Prozeß-Struktur-Transparenz, in: Gaitanides u.a. (Hrsg., 1994), S. 37 – 56

Stahlknecht, P., Hasenkamp, U. (1997), Einführung in die Wirtschaftsinformatik, 8. Auflage, Berlin, Heidelberg u.a. 1995

Stary, C. (1994), Interaktive Systeme; Software-Entwicklung und Software-Ergonomie, Braunschweig und Wiesbaden, 1994

Tanenbaum, A. S. (1994), Moderne Betriebssysteme, München, Wien 1994

Tanenbaum, A. S. (1997), Computernetzwerke, 3. Auflage, München, London u.a. 1997

Tresch, M. (1996), Middleware: Schlüsseltechnologie zur Entwicklung verteilter Informationssysteme, in: Informatik Spektrum, 19, 1996, 5, S. 249 – 256

v. Uthmann, C., Stolp, P., Meyer, G. (1997), Workflowmanagement in integrierten Anwendungssystemen, in: HMD, 34, 1997, 198, S. 107-114

Warnecke, G., Stammwitz, G., Hallfell, F. (1998), Intranets als Plattform für Groupware-Anwendungen, in: Industrie Management, 14, 1998, 1, S. 24 – 28

Weiß, D., Krcmar, H. (1996), Workflow-Management: Herkunft und Klassifikation, in: Wirtschaftsinformatik, 38, 1996, 5, S. 503 – 513

WfMC Workflow Management Coalition (1994), The Workflow Reference Model, Document Number WFMC-TC00-1003, Brüssel 1994

WfMC Workflow Management Coalition (1996), Terminology & Glossary, Document Number WFMC-TC00-1011, Brüssel 1996

Winterstein, A., Leitner, E. (1998), Data Warehouse mit verteiltem, skalierbarem OLAP, in: Client Server Computing, 1998, 3, S. 34 – 39

Wood, D. (1993), Data Structures, Algorithms, and Performance, Reading, Menlo Park u.a., 1993

Zelazny, G. (1996), Wie aus Zahlen Bilder werden, 4. Auflage, Wiesbaden, 1996

Zell, M. (1997), Informationstechnische Gestaltung von Führungsinformationssystemen, in: Controlling, 1997, 4, S. 290 – 301

Zlabinger, R. (1997), Intranetanwendungen im Einkauf, in: Höller u.a. (Hrsg., 1997), S. 147 – 164

Zwicker, E. (1996), Gestaltungsmöglichkeiten von kybernetischen Planungs- und Kontrollverfahren, in: Heilmann u.a. (Hrsg., 1996), S. 417 – 430

Erklärung

Ich versichere, daß ich diese Arbeit selbständig verfaßt und nur die angegebenen Hilfsmittel verwendet habe.

Stuttgart, den 14. Juni 1998

Diplomarbeiten **Agentur**

Die Diplomarbeiten Agentur vermarktet seit 1996 erfolgreich
Wirtschaftsstudien, Diplomarbeiten, Magisterarbeiten, Dissertationen
und andere Studienabschlußarbeiten aller Fachbereiche und Hochschulen.

Seriosität, Professionalität und Exklusivität prägen unsere Leistungen:

- Kostenlose Aufnahme der Arbeiten in unser Lieferprogramm
- Faire Beteiligung an den Verkaufserlösen
- Autorinnen und Autoren können den Verkaufspreis selber festlegen
- Effizientes Marketing über viele Distributionskanäle
- Präsenz im Internet unter **http://www.diplom.de**
- Umfangreiches Angebot von mehreren tausend Arbeiten
- Großer Bekanntheitsgrad durch Fernsehen, Hörfunk und Printmedien

Setzen Sie sich mit uns in Verbindung:

Diplomarbeiten **Agentur**
Dipl. Kfm. Dipl. Hdl. Björn Bedey —
Dipl. Wi.-Ing. Martin Haschke ——
und Guido Meyer GbR ————

Hermannstal 119 k ————
22119 Hamburg ————

Fon: 040 / 655 99 20 ————
Fax: 040 / 655 99 222 ————

agentur@diplom.de ————
www.diplom.de ————